Perfekte

Formulierungen für deine Akquisition

So ist dein Verkaufstrichter mit qualifizierten
Interessenten immer randvoll gefüllt

Werner F. Hahn
Verkaufstrainer + Fachbuchautor

© 2017 Werner F. Hahn
Rel. 01-01.04.2017
Herstellung und Verlag: BoD - Books on Demand, Norderstedt
ISBN: 978-3-7431-2762-3

Bibliografische Information der Deutschen Nationalbibliothek: Die Deutsche Nationalbibliothek verzeichnet diese Publikation in der Deutschen Nationalbiografie; detaillierte bibliografische Informationen sind im Internet über http://dnb.-nb.de abrufbar.

Herausgeber: Werner F. Hahn GmbH, Willy-Brandt-Platz 6, 55122 Mainz

Umschlaggestaltung: Gregor Zawadzki www.ingenium-design.de

Cartoons: Markus Blatz rotten-vegetable@gmx.de

WORD-Beratung: Marina D'Avis info@davis-grafik.de

Fotos: www.fotolia.com

Im Folgenden ist der Einfachheit immer vom „Verkäufer" die Rede, denn die ständige Unterteilung in „der Verkäufer/die Verkäuferin" stört den Lesefluss erheblich. Seid mir bitte nicht gram, liebe Leserinnen, ich kann gar nicht frauenfeindlich sein, denn ich halte die Frauen sowieso für die besseren Vertriebsprofis.

Ach übrigens… ich bevorzuge als Anrede das respektvolle Du. Denn wie heißt es so schön? Die Seele will geduzt werden…

Dieses Buch ist urheberrechtlich geschützt. Teile dieses Buches dürfen jedoch gerne reproduziert oder unter Verwendung elektronischer Systeme gespeichert, verarbeitet, vervielfältigt oder verbreitet werden, immer mit dem Hinweis:
© Werner F. Hahn, www.wernerhahn.de

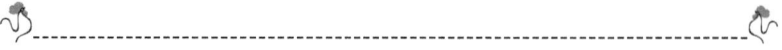

Inhaltsverzeichnis

Kapitel #1:	Einleitung	7
	1.1 Warum perfekte Formulierungen	7
	1.2 Was du sagst	9
	1.3 Wie du es sagst	10
	1.4 Was du hörst	12
Kapitel #2:	Kaltakquise – ganz einfach	13
Kapitel #3:	Das Telefon war, ist und wird auch in Zukunft das wichtigste Werkzeug des Verkäufers sein	16
Kapitel #4:	Verkaufen in der neuen Welt: VERKAUFEN 4.0	19
Kapitel #5:	Die zwölf Wahrheiten	24
Kapitel #6:	Sechs Punkte, die im Verkauf immer bestehen bleiben	33
Kapitel #7:	Wie qualifizierst du deinen Interessenten?	34
Kapitel #8:	Ist Kaltakquise wirklich tot?	40
Kapitel #9:	So akquirierst du effizient am Telefon	48
Kapitel #10:	Wie lauten die drei Akzeptanzstufen in der Kaltakquise?	50
Kapitel #11:	Smart akquirieren oder lieber gleich Kaltakquise?	52
Kapitel #12:	Wozu benötigst du einen Telefonleitfaden?	59
Kapitel #13:	Kennst du die sechs Gründe für einen Telefon-/Gesprächsleitfaden?	63
Kapitel #14:	Fünf Geheimnisse, mit denen du jedes Interessentengespräch killst	69
Kapitel #15:	Was lief bei dieser Akquisition verkehrt?	73
Kapitel #16:	Telefon-Booster 51 - noch bessere Ergebnisse in der Telefonakquise	77
Kapitel #17:	Wie überwindest du deine Angst in der Kaltakquise?	81

Kapitel #18:	Zielorientierte positive Sprache	84
Kapitel #19:	Bedarfsanalyse	99
Kapitel #20:	Ich schick Ihnen dann ein Angebot mit DNS	107
Kapitel #21:	Perfekte Formulierungen: Palastwache	111
Kapitel #22:	Perfekte Formulierungen: Termine vereinbaren mit Entscheider	128
Kapitel #23:	Perfekte Formulierungen: Texte für Mobilbox und Anrufbeantworter	158
Kapitel #24:	Perfekte Formulierungen: Text für eine Email, wenn deine Anrufe nicht beantwortet werden	160
Kapitel #25:	Einwandbehandlung	161
	#1: *Wir haben bereits einen Partner*	161
	#2: *Was können Sie am Preis noch machen?*	162
	#3: *Muss ich noch mit dem Boss besprechen*	163
	#4: *Wir warten noch auf zwei weitere Angebote*	164
	#5: *Rufen Sie in vier Wochen wieder an*	165
Kapitel #26:	*Rufen Sie mich nie wieder an!*	166
Kapitel #27:	Die Kaltakquisitions-Regeln des 21. Jahrhunderts	171
Kapitel #28:	So aktivierst du mit Match-Pitch in 12 Sekunden dein Selbstmarketing	179
Kapitel #29:	Sag doch einfach mal „*Danke*"	182
Kapitel #30:	Werner F. Hahn	183
Kapitel #31:	Sales vitamins	187
Kapitel #32:	Podcast to go	188
Kapitel #33:	Fachbücher von Werner F. Hahn	189
Kapitel #34:	Mehr Termine. Mehr Aufträge.	190
Kapitel #35:	Danke	191
Kapitel #36:	Schreibfehler?	192
Kapitel #37:	Haftungsausschluss	193

Kapitel #1: Einleitung

1.1 Warum Perfekte Formulierungen?

Nachdem ich mich als Verkaufstrainer selbständig gemacht hatte, rief ich vier Wochen nach dem Training den einen oder anderen Teilnehmer an und fragte nach seinen Erfolgen. *„Werner, deine Trainings sind Spitze, doch hier draußen sieht die Welt wieder anders aus"*, so der Kommentar einiger Teilnehmer. Daraufhin habe ich schnell reagiert und direkt geantwortet: *„Okay, dann gehe ich jetzt einen Tag mit dir mit und du bekommst von mir ein Training on the job."*

Bei diesem Training on the job habe ich festgestellt, dass der überwiegende Teil der Verkäufer die erlernten Techniken aus dem Verkaufstraining überhaupt nicht umgesetzt hatten. Dieses *„Umsetzen"* funktionierte erst, als ich im Kunden- und Interessentengespräch direkt dabei war. *„Wenn du nicht dabei gewesen wärst, hätte ich das nie so gesagt"*, war der Kommentar, den ich sehr häufig hörte.

Meine Erkenntnis daraus:

- nur wenige Menschen sind überhaupt willens, ihre Komfortzone zu verlassen und etwas anderes auszuprobieren,
- im Tagesgeschäft haben sich Redewendungen eingeschlichen wie zum Beispiel negative Aussagen, viel zu viele geschlossene Fragen und alles gespickt mit Weichmachern – die Verkäufer merken nicht WAS und WIE sie es sagen,
- Verkäufer sind ganz schlecht vorbereitet auf die Aussagen ihrer Gesprächspartner.

Jeden Dienstagmorgen erscheint ja mein „sales vitamins – frische Vitamine für besseres Verkaufen" und geht mittlerweile an fast 5.000 Verkäufer, Inhaber, Geschäftsführer. Aufgrund der dort aufgeführten klaren Handlungsanweisungen schreiben mir viele Führungskräfte und erbitten Vorschläge für die unterschiedlichen Gesprächssituationen. Das muss man sich auf der Zunge zergehen lassen: sie waren (angeblich) selber sehr erfolgreich im Verkauf und sie suchen heute in ihrer Eigenschaft als Führungskraft nach positiven und zielorientierten Formulierungen im Vertrieb. Biete ich ihnen bestimmte Lösungen an, so lassen sie diese umgehend von ihren Verkäufern einsetzen – und das mit großem Erfolg.

Einige Führungskräfte und auch Trainer vermitteln den Verkäufern, aggressive Wörter zu verwenden. Das sind die Personen, die lange Jahre im Finanzvertrieb gearbeitet haben und es ihnen nur um die Aufträge geht. Das bezeichnet man als „Hardselling." Partnerschaftliche Zusammenarbeit? Fehlanzeige! Je aggressiver deine Worte, umso schneller ist das Gespräch beendet und du wirst auf unfreundliche Art hinauskomplimentiert.

Gerade in sensitiven Verkaufs-Situationen bauen viele Verkäufer eine Kommunikation auf, die zwischen passiv und aggressiv angesiedelt ist. Sie haben es nicht gelernt, perfekte Formulierungen einzusetzen: klar, direkt und respektvoll gegenüber dem Gesprächspartner. Eine passive Kommunikation ist ineffektiv und die aggressive Kommunikation führt zur Ablehnung.

Insofern ist es wichtig, dass du dich intensiv auf die Gespräche vorbereitest und lernst, was eine zielorientierte und positive Sprache für dich überhaupt bedeutet und wie du schneller zu deinem Auftrag kommst.

1.2 Was du sagst

Das Ziel von *Perfekte Formulierungen* ist, dir entsprechende Techniken und Sätze mit auf den Weg zu geben für erfolgreiche Preisverhandlungen. Wenn du diese perfekten Formulierungen gelernt hast (als Verkäufer bist du ein lebenslanger Student), erkennen deine Gesprächspartner deine Kompetenzen:

- du kennst deine Produkte und Dienstleistungen,
- du kennst dich in der Branche bestens aus,
- du kennst dich bestens in der Welt deines Interessenten aus,
- du weißt wie wichtig aktives Zuhören ist,
- du erkennst die Wünsche, Träume und Bedürfnisse deiner Gesprächspartner,
- du weißt, wie du eine WERThaltige Nutzenargumentation aufbaust,
- du weißt, dass Rabatte der Beginn der Todesspirale sind,
- du kennst die besten Antworten auf die Einwände deines Gesprächspartners,
- du weißt, dass die zwei wichtigsten Punkte im Verkauf Glaubwürdigkeit und Vertrauen sind.

Hier noch einige weitere Punkte für dich:

- Dein Gesprächspartner wird sich selten daran erinnern, was du konkret gesagt hast. Er wird sich immer an das Gefühl erinnern, das du aufgebaut hast.
- Vermeide Behauptungen, sie neigen zum Widerspruch.

1.3 Wie du es sagst

Achte intensiv auf deinen Sprechstil. Es geht zum einen darum, WAS du konkret sagst und andererseits darum, WIE du es sagst. Vielleicht wirst du jetzt sagen: „Okay, dafür habe ich doch Perfekte Formulierungen." Was nutzen dir die perfekten Formulierungen, wenn du dich demotiviert, ungeduldig oder sogar herablassend anhörst?

Achte auf deine Stimme. Tiefe Stimmen deuten auf eine seriöse Person, hohe Stimmen deuten auf Unsicherheit, wenig Selbstbewusstsein hin. Bring die richtige Modulation in dein Gespräch mit ein. Frauen haben automatisch einen gewissen „Sing-Sang" in der Stimme. An deiner Stimme und deiner Körpersprache erkennt dein Gesprächspartner deine Begeisterung – „In dir muss brennen, was du in anderen entzünden willst" so Aurelius Augustinus.

Wenn du sprichst, achte auf deine Sprech-Geschwindigkeit. Schnellsprecher werden als unehrliche Personen wahrgenommen. Selbst wenn du in deinem Bereich als ein sorgfältiger Verkäufer wahrgenommen wirst, werden dich einige Interessenten ablehnen weil sie sich genervt fühlen und kein Vertrauen aufgebaut wird. Gerade wenn du sensible und komplexe Produkte verkaufst, solltest du verstärkt auf deine Sprechgeschwindigkeit achten.

Einer der wichtigsten Punkte ist allerdings deine *positive JA!-Einstellung im Verkauf.* Hier geht es um deine Glaubwürdigkeit und wie du hinter deinen Produkten und deinen Dienstleistungen stehst. Wie begeistert bist du?

Identifizierst du dich mit den vier Glaubenssätzen:

- Ich glaube an mich.
- Ich glaube an das Unternehmen.
- Ich glaube an die Produkte und Dienstleistungen.
- Ich glaube, dass mit meinen Produkten und Dienstleistungen meine Interessenten einen WERThaltigen Nutzen erreichen.

Der geringste Zweifel daran äußert sich in deiner Stimme und in deiner Körpersprache. Verkaufst du etwas, was dich selbst wenig interessiert, wie willst du Begeisterung vermitteln? Verkaufen hat viel zu tun mit der Übertragung der Begeisterung.

Wir verlieren 68% unserer teuer gewonnenen Neukunden,
weil sie sich nicht respektiert, geschätzt und zuvorkommend behandelt fühlen.

1.4 Was du hörst

Was du hörst, ist genauso wichtig wie das was du sagst. Gerade im Verkaufsgespräch ist das so wichtig. Deswegen haben wir auch zwei Ohren und einen Mund. Beim Zuhören, bzw. beim aktiven Hinhören geht es auch darum, den Ton zwischen den Zeilen zu erkennen. Nur wenn du aktiv hinhörst, bekommst du die wichtigen Informationen, ihre Wünsche, Träume, ihre Bedürfnisse – ausgesprochen oder unausgesprochen. Deine Aufgabe ist es in dieser Situation, mit tiefergehenden Fragen auf den Kernpunkt zu kommen. Das dient zusätzlich dem Aufbau einer partnerschaftlichen Beziehung. Hier gebe ich dir noch einige Tipps:

- Einer der größten Verkäuferfehler: Sie reden zu viel.
- Du lernst mehr über deinen Gesprächspartner, wenn du zuhörst.
- Sprichst du, hörst du keine Einwände.
- Nur wenige Verkäufer erkennen die Kaufsignale Ihres Gesprächspartners.
- Glaub nicht daran, dass dein Gesprächspartner nur dann viel versteht, wenn du schnell sprichst.
- Stellst du eine Frage, dann stell beide Ohren auf Empfang.
- Ermuntere deinen Gesprächspartner, dass er mehr über sich und sein Unternehmen erzählt.
- Stell Rückfragen um sicher zu sein, dass du alles verstanden hast.

Kapitel #2: Kaltakquise – ganz einfach

Jeder Verkäufer, der sich bereits mit Kaltakquise am Telefon beschäftigt hat, weiß wie anstrengend diese Akquisition sein kann.

Wie viele Verkäufer zucken schon zusammen, wenn die Palastwache sich meldet und fragt: *„Wer ist am Apparat?" „Um was geht es ganz konkret?" „Kennt er sie?"*

Diese und andere Fragen tragen zu einer Ablehnung von Kaltakquise bei und wenn du im Internet schaust, liest du permanent: *„Nie wieder Kaltakquise!", „Schalte deinen Leadgenerator auf ON", „Kaltakquise ist tot!"* und so weiter.

Allerdings habe ich noch nie einen Geschäftsführer oder Inhaber getroffen, der mir gesagt hat: *„Wir haben unsere sechs Verkäufer entlassen, die Aufträge kommen jetzt nur noch übers Internet."*

Da du bereits einige Zeit im Verkauf bist, weißt du doch genau, das Kaltakquise niemals tot sein wird. Tausende von Verkäufern sitzen tagtäglich vor dem Telefon und machen Kaltakquise. Da wird sich auch in den nächsten Jahren nichts ändern.

Hier gebe ich dir fünf Tipps, die du sofort umsetzen solltest:

TIPP #1:
Verwende einen Gesprächsleitfaden. Es ist zwingend erforderlich, dass du alles was du am Telefon sagst, zuerst niederschreibst und übst. Das gibt dir das Vertrauen, wie du mit den Aussagen der Palastwache umgehen wirst. Zusätzlich vermeidest du die vielen „Ähs" und „MHs" und damit hörst du dich einfach professioneller an.

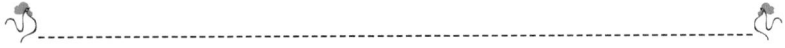

TIPP #2:
Sei vorbereitet für die Vorwände und Einwände, die in deinem Telefonat auftauchen werden. Hier ein Beispiel: *„Ach, mailen Sie mir doch das eben mal zu."* Danach wird noch nach der Mailadresse gefragt und das Verkaufsgespräch ist beendet, bevor es begonnen hat. Du könntest auch sagen: *„Ja, das mache ich gerne Herr/Frau...! Wir haben unterschiedliche Unterlagen und um herauszufinden, welche Unterlagen für Sie besonders aussagekräftig sind, habe ich zwei Fragen an Sie. Wie lösen Sie derzeit..."*

TIPP #3:
Begeistere deinen Gesprächspartner gleich zu Beginn des Gesprächs mit einer besonderen Frage. Viele Verkäufer beginnen mit einem Monolog über ihre Produkte und Dienstleistungen und das hat dein Gesprächspartner gar nicht gerne und konzentriert sich nicht mehr auf dein Gespräch.

TIPP #4
Erwarte, dass dein Gesprächspartner auch *„Nein"* zu dir sagt. Ob du es glaubst oder nicht, der überwiegende Teil der Verkäufer erwarten, dass jeder das gerne hätte, was sie gerade verkaufen. Manchmal passiert das ja auch. Sagt jemand *„Dass brauchen wir nicht"* dann solltest du auf diese Aussage vorbereitet sein und die Antwort schriftlich formuliert haben. So zum Beispiel: *„Das ist völlig okay, Herr/Frau ...., folgende Frage dazu: wenn Sie zukünftig einen weiteren Lieferanten benötigen – rufen Sie mich dann umgehend an?"*

In dieser Situation solltest du die Kontaktdaten austauschen und es wird dir leichter fallen, den weiteren Kontakt zu finden.

TIPP #5

Greif zum Telefonhörer. Das hört sich blöd an, aber es macht deine Akquisition am Telefon einfacher und entspannter. Starte gleich damit am Morgen und konzentrier dich auf deine Gespräche.

Führst du zwischenzeitlich eine andere Tätigkeit aus, brauchst du 25 Minuten, um wieder in das Akquise-Thema einzusteigen.

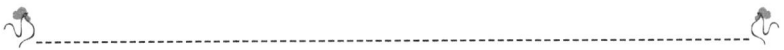

Kapitel #3: Das Telefon war, ist und wird auch in Zukunft das wichtigste Werkzeug des Verkäufers sein

Hör dir das ganz genau an! Das Telefon ist dein wichtigstes Werkzeug im Verkauf. Schluss, Ende aus!

Ich will dir das noch etwas langsamer sagen. Es gibt kein anderes Werkzeug im Verkauf

- das bessere und schnellere Ergebnisse liefert,
- das deinen Verkaufstrichter schneller auffüllt und
- mit dem du schneller zum Ergebnis kommst.

Betrachte das Telefon nicht als deinen Feind oder als einen Alien der dich mit seinen schleimigen Tentakeln umgarnt.

Und nein und nochmals nein, es akquiriert nicht von ganz alleine. Hier kommt die nächste brutale Wahrheit: Verkäufer, die das Telefon ignorieren, werden scheitern. Sie erreichen – wenn es einigermaßen läuft – nur durchschnittliche Ergebnisse, geringe Erfolgsbeteiligungen und ein Bankkonto im Minus.

Kundenakquise am Telefon:

Brigitta, eine Verkäuferin im B2B hat mir folgende Frage gestellt: *„Mein Verkaufsleiter bedrängt mich, verstärkt das Telefon einzusetzen zur Qualifizierung von Interessenten. Ich bin grauenhaft am Telefon und ich habe ihm schon oft erklärt, dass ich im Gespräch vor Ort viel besser bin. Wie kann ich ihm klar machen, dass ich viel lieber Kaltakquise vor Ort mache?"*

Viele Verkäufer – sobald sie mit Kundenakquise am Telefon konfrontiert werden – sagen mir: „*Ich bin viel besser von Angesicht zu Angesicht!*"

Meine Antwort: „*Natürlich bis du besser, sobald du einen persönlichen Gesprächspartner hast. Deswegen haben sie dich doch als Verkäufer im Außendienst eingestellt. Hier kommt das Business: Zeit ist Geld im Verkauf und du wirst bessere Ergebnisse in einer Stunde am Telefon erreichen, als wenn du eine Stunde in deinem Vertriebsgebiet unterwegs bist und an jede Tür klopfst.*"

Denk bitte darüber nach: Wie viele Interessenten wirst du qualifizieren oder einen Termin vereinbaren, wenn du Gespräche von Angesicht zu Angesicht führst in einem Zeitfenster von acht Stunden? Wenn es sich um ein Gewerbegebiet handelt oder um eine lebhafte Straße, kommst du auf 20 Unternehmen. In anderen Bereichen, wenn du erst noch einen Parkplatz suchen musst und deine Reisezeit berücksichtigst, kommst du auf 8 bis 10 Unternehmen. Wenn es draußen heiß ist, kalt ist, schneit und gefriert, sind es noch weniger.
Wie viele Interessenten schaffst du, wenn du eine Stunde Kundenakquise am Telefon machst mit vorqualifizierten Interessenten? Wie viele Anrufe schaffst du? Wenn du im Schnitt zwei Minuten pro Anruf brauchst, schaffst du in einer Stunde 30 Gespräche. Schaffst du doppelt so viele Interessentengespräche in zehn Prozent der Zeit – vielleicht noch in klimatisierten Räumlichkeiten mit Verpflegung – was glaubst du wohl, wer bessere Ergebnisse erzielen wird? Die Antwort wird dir leicht fallen.

Das Telefon ist das effiziente Werkzeug für deine Kundenakquise am Telefon, weil du – vorausgesetzt du bist gut organisiert – in kurzer Zeit mehr Interessenten erreichst als mit jedem anderen Akquiseweg.

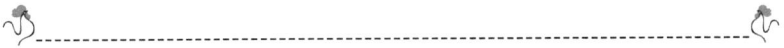

Weil du auch noch andere Dinge in deinem Tagesgeschäft als Verkäufer zu erledigen hast, liegt es an dir, das Medium zu nutzen, mit dem du die meisten Interessenten auch erreichst. Die effizienteste und kostengünstigste Methode war, ist und bleibt das Telefon.

Das Telefon ist effizienter als E-Mail, Social-Media, Briefe und Karten weil du in diesem Fall direkt mit einem Menschen sprichst. Somit bekommst du eher einen Termin, machst schneller einen Abschluss oder bekommst andere wichtige Informationen.

Viele Verkäufer kommen mit dem Telefon nicht zurecht,
- weil sie nicht wissen, was sie sagen sollen,
- weil sie verrückte Dinge am Telefon sagen,
- weil sie unqualifizierte Gesprächsleitfäden ablesen,
- weil sie über keinen Akquise-Prozess für die unterschiedlichen Aktivitäten verfügen,
- weil sie nicht wissen was sie sagen sollen, wenn es um Einwände im Gespräch geht,
- weil sie Angst vor dem „NEIN" des Kunden haben und vor seiner Ablehnung
- weil sie der Meinung sind, dass sie den Interessenten/Kunden doch nur stören und in seiner Arbeit unterbrechen.

Die Zeiten, als das Telefon nur auf dem Schreibtisch stand, sind doch wohl endgültig vorbei. Mit Smartphone und Tablet sind deine Gesprächspartner doch überall erreichbar und offen für ein qualifiziertes Gespräch mit dir.

Kapitel #4: Verkaufen in der neuen Welt: VERKAUFEN 4.0

Das Verkaufen im 22. Jahrhundert unterscheidet sich erheblich vom Verkauf in der Vergangenheit. Viele Faktoren haben dazu beigetragen: internationaler Wettbewerb, neue bahnbrechende Technologien, zurückgehende wirtschaftliche Komponenten, intensive Preisreduzierungen und – last but not least - Produkte werden zu Massenartikeln. Zusätzlich hat die schnell steigende Kommunikation dazu beigetragen, dass viele Informationen mit einem Mausklick weltweit zur Verfügung stehen. Das trägt alles dazu bei, dass die Anforderungen an den Vertrieb immer komplexer werden. Doch will ich hier auch die Bedenken eintragen: die Welt des Verkaufen hat sich gewandelt - und sie verändert sich doch permanent. Und geh bitte davon aus, dass die Welt sich in der Zukunft noch schneller verändern wird, als sie das in der Vergangenheit getan hat.

Was bedeutet das für dich? Sehr viel!

Hier kommen einige Beispiele:

- Dir steht weniger Zeit zur Verfügung, um die Aufmerksamkeit deines Gesprächspartners zu bekommen.
- Mehr und mehr Verkäufer kämpfen um die gleichen Interessenten und Kunden.
- Interessenten verbringen weniger Gesprächszeit mit den Verkäufern, sie informieren sich übers Internet.
- Du wirst mit mehr Hürden konfrontiert, die zwischen dir und deinem Interessenten stehen.
- Du musst dich massiv von deinen Konkurrenten unterscheiden, die die gleichen Produkte und Dienstleistungen verkaufen wie du – nur billiger.
- Du kannst es dir nicht mehr leisten, täglich die gleichen Fehler zu machen.

- Du musst bereit sein, jeden Tag neu hinzuzulernen, um besser zu werden. Du bist ein lebenslanger Student.

Wenn du dich heute schon zu den erfolgreichen Verkäufern zählst, dann weißt du, dass es im Verkauf um Überzeugung geht. Überzeugen heißt ja nicht überreden und zwischendurch mal schnell nach Luft zu schnappen, um noch mehr zu reden. Vielleicht machst du auch eine Pause, damit dein Gesprächspartner auch einmal etwas sagen darf. Hier geht es darum, kurz, knapp und bündig deinem Interessenten eine einzigartige Lösung aufzuzeigen. Es ist eine anspruchsvolle Aufgabe, den Status Quo zu verändern: *Wo befinden sie sich gerade und wo wollen sie hin?* Was sind ihre Bedürfnisse, ihre Träume, ihre Wünsche und wie werden sie mit dir in dem Projekt weiter voranschreiten?

Glaub bitte nicht eine Sekunde daran, dass es in diesem Fall nur darum geht, irgendwelche abgedroschenen Phrasen zu dreschen. Es geht zuerst immer um das WARUM und später um das WIE. Es geht um das Verständnis, bestimmte Strategien und Taktiken in den unterschiedlichen Gesprächssituationen einzusetzen. Zum Start Wort-für-Wort und wenn du das gelernt hast, folgt Konzept-für-Konzept.

Insofern ist es wichtig, zuerst die Sätze auswendig zu lernen und sie im weiteren Verlauf deiner Lernphase dem Konzept anzupassen. Wenn du das verstanden hast, wirst du auf die Feinheiten achten, die einzelnen Nuancen, die Schlüsselwörter in den Sätzen, die das Herz deines Gesprächspartners öffnen.

Hier gebe ich dir bereits einige Beispiele – was hört sich für dich besser an:

Variante #1:
„Ich wollte mal fragen, ob mein Angebot bei Ihnen eingetroffen ist?"
Oder:
„Mein Angebot liegt Ihnen vor, welche Fragen haben Sie dazu?"

Variante #2:
„Sie müssen mir das zuerst zufaxen, dann sehe ich weiter."
Oder
„Sobald mir Ihr Fax vorliegt, werde ich die entsprechenden Maßnahmen einleiten."

Variante #3:
„Haben Sie einen Moment Zeit für mich?"
Oder
„Darf ich direkt auf den Punkt kommen?"

Erkennst du hier schon die ersten wichtigen Unterschiede? Der zweite Satz ist eine zielorientierte positive Sprache ohne irgendwelche Weichmacher und mit offenen Fragen.

Wenn ich Kunden und Interessenten frage: „Was stört Sie an den Verkäufern?" dann höre ich Kommentare wie zum Beispiel: „Manche reden lange um den heißen Brei herum, sie sollten direkt auf den Punkt kommen. Dann entscheide ich auch sofort."

Ein ganz wichtiger Tipp von meiner Seite: Wirf den Konjunktiv über Bord! In der heutigen Zeit neigen wir dazu, uns immer ein Hintertürchen offen zu lassen. Dazu eignet sich der Konjunktiv ganz hervorragend dazu.

Sich ja nicht aus dem Fenster lehnen, immer schön vorsichtig sein – das ist doch die Devise vieler Menschen. Wenn du in deinen Verkaufsgesprächen als kompetenter Partner akzeptiert werden willst, dann befreie dich von deinen Konjunktiven.

Schau dir diese Sätze einmal an:

„Ich würde gerne viel öfter ein Training on the job machen."
„Könnten Sie das bitte veranlassen?"
„Wenn ich keine Angst hätte, würde ich auch mehr Präsentationen vor Publikum machen."
„Ich würde sagen, dass das eine Möglichkeit sein könnte."

Merkst du wie weichgespült diese Sätze sind? Merkst du wie viel Selbstvertrauen aus diesen Sätzen spricht? Verkäufer, die immer nur spekulieren und sich vage ausdrücken, wirken auf andere Menschen unsicher und ängstlich. Ihren Aussagen fehlt die Verbindlichkeit.

Fazit: Mit einer verbindlichen, zielorientierten und positiven Sprache wirkst du entschlossen, selbstsicher, kompetent und überzeugend.

Wie du es richtig machst, habe ich in diesem Buch für die beschrieben.

Solange du deine Aufträge erfolgreich abschließt, ist alles in Ordnung. Mach dir keine Gedanken über deine großartige Perfektion. Starte einfach durch und setze das aktiv um, dass dir gefällt. Ich bin überzeugt, dass es von deinem Gesprächspartner gut aufgenommen wird.

„Success is a mind game" – „Erfolg entsteht im Kopf"

Professor Seligman* führte einen Optimisten-Test durch und wählte bei der Versicherung Met Life aus den bereits abgelehnten Bewerbern eines Jahrgangs die 100 stärksten Optimisten aus.

Das Ergebnis: Die Sondergruppe entwickelte sich hervorragend. Im ersten Jahr verkauften die neu eingestellten optimistischen Mitarbeiter 21 % mehr Versicherungen als die der regulären Gruppe, im zweiten Jahr waren es gar 57 % mehr.

Außerdem gaben von den Optimisten nur halb so viele im ersten Jahr auf wie von den Pessimisten. Seither stellt Met Life die größten Optimisten ein - andere Eigenschaften werden zweitrangig bewertet.

*Prof. Dr. Martin Seligmann, Professor für Psychologie und Glücksforscher

Kapitel #5: Die zwölf Wahrheiten

Im Laufe meiner Vertriebserfahrungen habe ich festgestellt, dass die in diesem Buch aufgeführten Formulierungen immer wieder bei den Gesprächspartnern gut ankommen. Warum ist das so? Verkaufen ist ein dynamischer Prozess und es hat immer Veränderungen gegeben. Gerade in der heutigen Zeit haben Internet, Smartphone und Social-Media die Welt des Verkaufens grundlegend verändert. In den letzten zehn Jahren hat sich mehr verändert, als in den zwanzig oder dreißig Jahren davor. Hier kommen die zwölf Wahrheiten:

#1.: Das Geheimnis des erfolgreichen Verkaufens liegt nie im Verkauf

Realität: Das Geheimnis des Verkaufens liegt nie im Verkauf, es ist der kontinuierliche Prozess der Akquisition. Der überwiegende Teil der Verkäufer scheitert in diesem Geschäft, weil sie zu wenige qualifizierte Interessenten haben. Was bedeutet das für dich? Dass du konsequent, permanent und auf intelligente Art immer wieder Akquisition betreibst – egal wie lange du bisher im Verkauf tätig bist. Akquisition hört niemals auf. Dabei spielt es keine Rolle, ob du einen großen Interessenten anbaggerst oder in einem außergewöhnlichen Marktsegment aktiv bist – Akquise ist dein Handwerkszeug. Dabei spielt es keine Rolle, ob du gerade mal zehn Monate oder fünf Jahre im Verkauf bist. Oder wie ich über 35 Jahre – und ich akquiriere weiterhin jeden Tag.

#2.: Um erfolgreich zu sein, brauchst du das Gespräch mit einem qualifizierten Interessenten.

Realität: Um erfolgreich zu sein, brauchst du das Gespräch mit einem qualifizierten Interessenten, der bereit ist zu kaufen. Es geht hier nicht um deinen Verkaufsabschluss, das interessiert keinen!

Deine Gesprächspartner werden ihre Entscheidungen treffen, es geht um ihren Zeitplan, nicht um deine Zielerreichung. Das setzt voraus, dass du deine Zeit intelligent und vorausschauend investierst. Vermeide unnötige Aktivitäten, bei denen du deine Zeit verschwendest oder du deine kostbare Zeit sogar mit unqualifizierten Interessenten verbringst. Deswegen ist es sinnvoll, gleich eine Qualifikation vorzunehmen und du dich ganz schnell von den unqualifizierten Interessenten verabschiedest. Investier deine Zeit und deine Kraft nur bei denen, die den Weg mit dir gemeinsam (DNS) gehen wollen.

Hier kommen fünf Punkte, die einen qualifizierten Interessenten ausmachen. Je weniger Punkte zutreffen, umso weniger qualifiziert sind sie. Deswegen solltest du Unternehmen und Organisationen finden, die alle fünf Kriterien erfüllen:

#1: Sie haben einen Bedarf für deine Produkte und Dienstleistungen
#2: Sie haben die Entscheidungs-Kompetenz über den Einsatz und das Budget
#3: Sie haben einen dringenden Bedarf für eine Veränderung in ihrem Unternehmen
#4: Sie vertrauen dir und deinem Unternehmen
#5: Sie sind bereit, dir zuzuhören.

#3.: Deine intelligente Positionierung

Realität: Du musst dich, dein Unternehmen und deine Produkte und Dienstleistungen in der Gedankenwelt deines Interessenten richtig verankern. Der Druck deiner Mitbewerber wird immer größer und viele Produkte und Dienstleistungen entwickeln sich zu Massenartikeln. Die Frage ist: Wie unterscheidest du dich von deiner Konkurrenz? Und das bezieht sich auf einen langfristigen partnerschaftlichen Geschäftsaufbau.

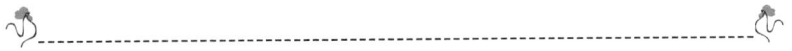

Wie du dich dabei positionierst, wird auch Einfluss auf dein Unternehmen mit seinen Produkten und Dienstleistungen haben. Und das ist unabhängig davon, wie groß oder klein das Marketing- oder Anzeigenbudget auch sein mag.

#4.: **Keine Platz für irgendwelche Fehler**

Realität: Da ist kein Platz für irgendwelche Fehler. Die Realität zeigt, dass du exakt zu dem Zeitpunkt bestens vorbereitet sein musst, über das nötige Fachwissen verfügst und du deinen Gesprächspartnern die richtige Lösung aufzeigst. Natürlich haben viele Interessenten ein Gefühl, mit wem sie das Geschäft machen wollen. Allerdings bist du nur einer von mehreren.

Nur schnell auf den Beinen zu sein, reicht für dich als Verkäufer nicht aus. Du brauchst das nötige Wissen über deine Produkte und Dienstleistungen, das Wissen, wie du dieses Wissen in die Köpfe deiner Gesprächspartner transportierst und sie erkennen, dass es ihnen einen WERThaltigen Nutzen bringt, wenn sie mit dir zusammen arbeiten.

#5.: **Deine Interessenten sollten wissen, dass du etwas wichtiges zu sagen hast**

Realität: Interessenten werden nur dann einen Termin mit dir vereinbaren wenn sie erkennen, dass du eine wichtige Botschaft für sie hast. Mit dem *„einfach mal vorbeischauen"* oder schlecht vorbereitet in das Gespräch gehen - diese Vorgehensweise hat doch noch nie funktioniert. Wenn du andererseits genau weißt,

- was du sagst,
- wie du es sagst und
- wann du es sagst

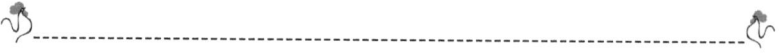

werden dazu beitragen, dass deine Interessenten dich in die engere Wahl einbeziehen werden.

Lass da keinen Zweifel aufkommen. Blöde Sprüche in Verbindung mit planloser Kaltakquise sowie geschlossenen Fragen von unqualifizierten Labertaschen werden dazu führen, dass der Interessent ganz schnell das Gespräch beendet.

#6.: Das dir jemand vertraut ist wichtiger, als das dich jemand mag

Realität: Gerade im Verkauf spielt das Vertrauen eine besonders große Rolle. Vertrauen und Glaubwürdigkeit sind die zwei Grundprinzipien für erfolgreiches Verkaufen. Je vertrauenswürdiger du bist, umso mehr werden die Menschen bei dir kaufen. Durch dein authentisches (echtes und ungekünsteltes) Auftreten und das Einbringen deiner Persönlichkeit wird dein Gesprächspartner einschätzen, mit wem er es zu tun hat. Aalglatte Hardseller, bei denen nur der Mund lächelt und die Augen nicht, die keinerlei Charakterzüge erkennen lassen und nur allgemeingültige Aussagen ohne Inhalt nachplappern, haben nur geringe Chancen, einen vertrauenerweckenden Eindruck zu Hinterlassen. Nur authentische Menschen werden als glaubwürdig wahrgenommen – und das gilt sogar für Verkäufer.

Samy Molcho: *Die Stimme kann lügen – dein Körper sagt die Wahrheit.*

Vertrauen und Glaubwürdigkeit sind die mit Abstand größten Kaufmotive unserer Zeit.

#7.: Interessenten sind immer beschäftigt

Realität: Deine Interessenten haben immer viel zu tun. Was bedeutet das für dich? Das ist doch ganz einfach: du hast nur wenig Zeit, bei deiner Präsentation auf den Punkt zu kommen. Akquirierst du am Telefon, dann bleiben dir im Erstgespräch zwölf Sekunden, deinen Nutzen zu vermitteln. Zwölf Sekunden ist die Zeit, die ein Streichholz braucht um abzubrennen. Deswegen spreche ich nicht mehr vom elevator-pitch (30 Sekunden Zeit) sondern vom match (= Streichholz)-pitsch. Deine Interessenten haben heute nur Zeit für dich, wenn du Ihnen einen WERThaltigen Nutzen vermittelst.

#8.: Interessenten kaufen aus ihren Gründen – deine Gründe spielen für sie überhaupt keine Rolle.

Realität: Interessenten kaufen aus ihren Gründen, deine Gründe sind uninteressant für sie. Was ist dein Problem? Du willst einen Abschluss, du willst auf die Bühne, du willst deine Provisionen, du willst deine Rechnungen bezahlen oder du willst im Vergleich zu deinen Vertriebskollegen auf der Hitliste ganz vorne stehen.

Die Wahrheit ist, dass diese Punkte mit den Problemen deiner Kunden nun überhaupt nichts zu tun haben. Und was sind ihre Probleme? Höhere Wirtschaftlichkeit, einsparen von Kosten, mehr profitable Geschäfte, geringerer Ausschuss, schnellere Projektabwicklung, dem Wettbewerber eine Nasenlänge voraus, qualifiziertere Verkäufer – egal was es ist, deine Produkte und Dienstleistungen tragen dazu bei, diese Probleme zu lösen.

Und jeder deiner Gesprächspartner hat wieder besondere Nutzenerwartungen. Finde sie heraus.

#9.: Interessenten werden dir klar machen, dass dein Produkt ein Massenprodukt ist

Realität: Sie werden alles dransetzen, dein Produkt zu einem Massenartikel zu machen. Warum sie das machen? Das ist ganz einfach. Im Bereich der Massenware bestimmt nur der Preis die Regeln. Interessenten sind nun mal daran interessiert, den günstigsten Preis zu bekommen. Ich spreche nicht vom niedrigsten Preis. Je mehr du also deine Produkte zu einem Massenartikel definierst, umso eher bist du im Preisgespräch und dein Interessent wird gewinnen. Deine Aufgabe als Verkäufer ist es, das das nicht passiert. Du musst genau wissen was du tust, sobald u den Satz hörst: *„Das kriege ich unten an der Ecke 20% billiger!"*

#10.: Interessenten wollen von dir den Preis wissen, bevor du den Bedarf ermittelt hast

Realität: Interessenten fragen dich direkt nach dem Preis, bevor du alle deine Fragen in der Bedarfsanalyse gestellt hast. Das kommt viel häufiger vor, als du dir das vorstellen kannst. Gibst du diese Information frühzeitig heraus, dann wird sich dein Gesprächspartner nur noch an diese Zahl - in Zusammenhang mit deinen Produkten und Dienstleistungen - erinnern. Je früher du den Preis nennst, umso weniger WERThaltigen NUTZEN hast du vermittelt. Warum ist das so? Du hast noch nicht nachgewiesen, wie du seinen Bedarf, seine Bedürfnisse, seine Träume und seine Wünsche konkret erfüllen wirst oder sein Problem lösen wirst.

Wenn du allerdings zu lange mit der Preisnennung wartest, fühlt sich dein Gesprächspartner vor den Kopf gestoßen und er nimmt eine konträre Haltung ein. Insofern sind beide Situationen dem Gespräch nicht förderlich. Was ist zu tun? Lies einfach weiter.

#11.: **Bring den WERThaltigen NUTZEN oder du redest nur über den Preis.**

Realität: Ohne werthaltigen Nutzen wird es nur um den Preis gehen. Verkäufer (du gehörst auch dazu) sollten nicht annehmen, dass die Interessenten erkennen, verstehen und nachvollziehen können, was der konkrete Nutzen für sie ist. Nur wenn sich der Nutzen auf den Gesprächspartner und sein Unternehmen bezieht, wird die Sache für sie langsam klarer. Der Preis ist ja in der heutigen Welt zu einem besonderen Faktor geworden: Geiz ist geil! Gerade deswegen ist es so wichtig, den konkreten Nutzen herauszuarbeiten und zwar für jeden deiner Gesprächspartner. Jeder hat eigene Nutzenerwartungen, die von dir zu erfüllen sind.

#12.: **Die Partnerschaft hat sich verändert.**

Realität: Die Partnerschaft, der Beziehungsaufbau zu deinen Interessenten und Kunden, verändert sich laufend. Das stimmt! Kunden sind nicht mehr so loyal wie sie früher gewesen sind. Wir haben es mit einer neuen Generation zu tun, die mit Smartphone und Internet aufwächst.

Die Gesprächspartner werden immer jünger und der Beziehungsaufbau funktioniert nur noch über Textnachrichten, Internet-Kommunikation. Der schlecht vorbereitete Verkäufer wird keine Auftragschance mehr haben, da seine Gesprächspartner besser informiert sind.

Diese Faktoren,

- der konstante Druck Preise zu vergleichen,
- die immer neuen Produkte auf dem Markt,
- die neuen Anbieter mit außergewöhnlichen Dienstleistungen

tragen dazu bei, dass die Partnerschaft in der heutigen Zeit einem großen Wandel unterliegt.

Die Realitäten verstehen, interpretieren und umsetzen

Alle diese Punkte werden sicher dazu beitragen, dass du deine Einstellung zum Verkaufen neu überdenken wirst. Hier geht es um die konkreten Worte, die perfekten Formulierungen sowie die speziellen Äußerungen die du in deinem Tagesgeschäft verwendest. Frage ich die Verkäufer vor einem Termin: „*Was sagst du konkret?*" kommt bei 90% der Verkäufer die Aussage: „*Das entscheide ich situativ!*" Wenn du in dieser Phase vor der Tür des Interessenten nicht weißt, was dein Ziel ist und was du konkret sagst – wie willst du das hinbekommen, wenn du erst beim Gesprächspartner sitzt?

Die besondere Rolle des Kunden/Interessenten wird sich niemals verändern. Es gibt draußen im Markt hunderte von Fällen, in denen das Unternehmen mit seinen Mitarbeitern der Meinung waren, dass nicht sie sich zu verändern haben, sondern die Kunden und Interessenten.

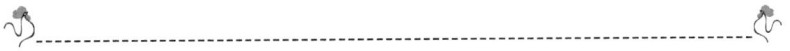

Der Markt hat sich gedreht und Kunden haben heute andere Chancen, das Geschäft zu machen. Und sie entscheiden heute ganz schnell – ohne dich.

Nicht das Wetter,
die Eltern,
die Ehefrau,
die Kinder,
der Vorgesetzte,
das Geld,
das Auto
oder die Arbeit
sind Schuld.

Wenn du den Schuldigen finden willst,
dann schau in den Spiegel.

Kapitel #6: Sechs Punkte, die im Verkauf immer bestehen bleiben

1. Zuhören ist die beste Voraussetzung für einen Verkäufer.
2. Nur das persönliche Gespräch von Angesicht zu Angesicht beim wahren Entscheider bringt dich voran.
3. Schaffst du es nicht, einen Verkaufsabschluss zu tätigen, solltest du dir einen anderen Job suchen.
4. Erfolgreiches Verkaufen erfordert ein umfangreiches Fachwissen in Verkaufspsychologie und Selbst-Management.
5. Topp-20%-Verkäufer sind konkurrenzstark und belastbar.
6. Im Verkauf geht es um Persönlichkeit und Überzeugung.

In diesem Buch wirst du lernen, wie du exakt auf den Punkt deinen Gesprächspartner überzeugst. Zusätzlich wie du mit der Zeit respektvoll umgehst und die Aufmerksamkeit bekommst.

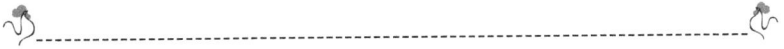

Kapitel #7: Wie qualifizierst du deinen Interessenten?

Wie definiere ich einen qualifizierten Interessenten? Viele Verkäufer und auch Verkaufsleiter tun sich schwer, das genau zu definieren. Der Grund liegt einfach darin, dass sie sich nicht die Zeit nehmen, intensiv in Zusammenhang mit ihren Produkten und Dienstleistungen darüber nachzudenken. Deswegen verbringen ja auch 80% der Verkäufer ihre Zeit bei unqualifizierten Interessenten und hoffen darauf, irgendwann einen Auftrag zu ergattern. Dagegen konzentrieren sich die Topp-20%-Verkäufer auf ihre qualifizierten Interessenten. Sie haben ihre Hausaufgaben gemacht und setzen zur Qualifizierung ihre Checkliste ein. Bevor die Topp-20%-Verkäufer in den Verkaufsprozess einsteigen, gehen sie sicher, dass alle Fragen der Checkliste beantwortet worden sind.

Die bekannte 6-stufige Qualifizierungs-Checkliste:

1. Warum wird dein Interessent kaufen?
2. Warum werden sie nicht kaufen?
3. Wer trifft die Entscheidung?
4. Was ist alles in den Entscheidungsprozess mit eingebunden?
5. Wer ist der Mitbewerb?
6. Wie groß ist das Budget?

Als Verkäufer solltest du den Interessenten erst dann in deinen Verkaufs-Zylinder legen, wenn alle Fragen zu deiner vollen Zufriedenheit beantwortet worden sind. Hier kommen jetzt die spezifizierten Fragen zu der Checkliste:

1. Warum wird dein Interessent kaufen? (Kaufmotive)

- Was suchen deine Interessenten genau?
- Was sind ihre Kaufmotive?
- Was musst du sagen, um sie zum Kauf zu bewegen?
- Was ist ihnen wichtig?
- Warum haben sie zuletzt gekauft?
- Was wollen sie diesmal anders machen als vorher?
- Wenn sie das bekommen, was sie sich exakt wünschen, wie würde das aussehen?

Einige Fragen, um an die Kaufmotive zu kommen:

- *„Herr xyz, was wollen Sie damit erreichen?*
- *„Was ist für Sie besonders wichtig, wenn Sie einen neuen Lieferanten auswählen?"*
- *„Wenn Sie das alles bekommen was Sie sich wünschen (Produkt, Service, Lösung etc.), was passiert dann?"*
- *„Warum haben Sie zuletzt (Produkt, Service, Lösung etc.) gekauft? Welches konkrete Ergebnis brachte Ihnen das?"*
- *„Was müssen wir genau tun, damit sie uns den Auftrag erteilen?*

2. Warum werden sie nicht kaufen (Potentielle Einwände)

- Warum holen Sie sich noch ein anderes Angebot ein?
- Wo liegt der wunde Punkt?
- Was wollen Sie vermeiden?
- Warum haben Sie beim letzten Mal nicht gekauft?
- Warum holen Sie sich Angebote von mehreren Anbietern ein?
- Warum haben Sie so lange gewartet?
- Warum kaufen Sie nicht?

Einige Fragen, um potentielle Einwände aufdecken:

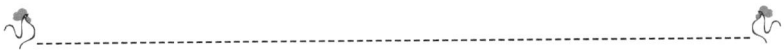

- *„Bei wem kaufen Sie gewöhnlich diese (Produkte, Service, Lösungen etc.) ein?"*
- *„Haben Sie von denen auch ein Angebot vorliegen?"*
- *„Warum wollen Sie diesmal einen anderen Lieferanten berücksichtigen?"*
- *„Welche weiteren Lösungen sind sonst noch für Sie interessant?"*
- *„Ich weiß, dass Sie schon einmal mit uns in Kontakt waren. Warum sind wir nicht zusammen gekommen?"*
- *„Es hört sich so an, als hätten Sie diese Situation (nicht Problem) schon länger. Was hat Sie davon abgehalten, nicht schon früher daran zu arbeiten?"*

3. Wer trifft die Entscheidung?

- Wer trifft die Entscheidung?
- Wie viele Entscheider gibt es?
- Mit wem halten sie Rücksprache?

Einige Fragen, um den Entscheider heraus zu finden:

- *„Herr/Frau xyz, wer ist alles in die Entscheidungsfindung mit einbezogen?"*
- *„Abgesehen von Ihnen, wer ist in die Entscheidung zusätzlich involviert?"*
- *„Wer gibt das endgültige okay?"*
- *„Unterschreiben wir beide die Vereinbarung?"*

4. Was gehört insgesamt zum Entscheidungsprozess dazu?

- Wie sieht der Entscheidungsprozess exakt aus?
- Was gehört alles dazu?
- Wer ist alles involviert?
- Was passiert als nächstes?
- Wie lange dauert der Prozess?
- Wie viele andere Schritte gehören noch dazu?

Einige Fragen, um den Entscheidungsprozess aufzudecken:

- *„Herr/Frau xyz, nachdem wir Ihnen das (Angebot, Vorschlag, Informationen) zugesandt haben, was passiert danach?"*
- *„Wie lange wird der Prozess dauern?"*
- *„Wie können wir den Prozess beschleunigen?"*
- *„Wer ist daran beteiligt?"*
- *„Wie lange wird es dauern, bis die endgültige Entscheidung getroffen wird?"*

5. Wer ist der Mitbewerb/Konkurrent?

- Wie viele andere Unternehmen haben Sie angefragt?
- Ist das Unternehmen, mit dem Sie heute zusammen arbeiten, noch involviert?
- Was sollte der neue Lieferant besonders gut machen?
- Wie viele andere Angebote liegen Ihnen vor?
- Wer ist zurzeit ihr Favorit?
- Was werden die besonders gut machen?

Einige Fragen, um mehr über den Mitbewerb zu erfahren:

- *„Welche Anbieter haben Sie ausgewählt dafür?*
- *„Welche Gründe sprechen für diesen Anbieter?"*
- *„Wie ist Ihre persönliche Einschätzung dazu?*

- „Planen Sie, mit dem derzeitigen Unternehmen weiter zu machen?"
- „Wohin tendieren Sie im Moment?
- „Oh, warum das?"

7. Wir groß ist das Budget?

- Es geht wieder nur ums Geld
- Wie hoch ist das Budget für dieses Projekt?
- Was haben sie zuletzt ausgegeben?
- Was ist das Limit?
- Was würden sie gerne dafür ausgeben?
- Liegt unsere Lösung in ihrem Budget-Rahmen?
- Was ist die Obergrenze?

Einige Fragen, um das Budget zu erfragen:

- „Wie hoch ist das Budget für dieses Projekt?"
- „Wie viel haben Sie im letzten Projekt ausgegeben?"
- „Wenn wir uns auf eine Lösung einigen, die für Sie passend ist, können Sie sich einen Betrag von... € pro Tag leisten?"
- „Welche Größenordnung peilen Sie an?"

Bekommst du nun ein Gefühl dafür, was ein qualifizierter Interessent ist? Ist doch umfassend, oder? Tatsache ist doch: je mehr Informationen du bekommst, umso qualifizierter wird dein Interessent. Und je qualifizierter dein Interessent ist, um so eher wird er seinen Auftrag bei dir platzieren.

Jetzt ahne ich schon, dass du denkst: „Werner, meine Interessenten sitzen nicht den ganzen Tag da und beantworten alle meine Fragen." Weißt du was? Das stimmt, einige geben dir die Antworten und andere weigern sich. Die gute Nachricht: auf diese Art trennst du automatisch die Käufer von den Nicht-Käufern.

Qualifizierte Interessenten geben dir gerne die Zeit, diese Fragen zu stellen und sie beantworten deine Fragen auch gerne.

Es gibt allerdings auch bestimmte Zeiten, da haben deine Interessenten besonders viel zu tun. In dem Fall biete ihnen einen Rückruf zu einer anderen, nicht so hektischen Zeit an.

Kapitel #8:   Ist Kaltakquise wirklich tot?

Die 7 Akquise-Regeln für das 22. Jahrhundert:

1. Erstell eine zielorientierte Liste.

2. Bevor du mit einer Akquisition startest, solltest du ein exaktes Profil deines idealen Kunden erstellen. Aus allen Möglichkeiten, die es gibt: Wer würde kaufen was du anbietest und wer kommt diesem Profil am nächsten? Wer würde große Mengen kaufen und wer würde regelmäßig mehr kaufen?

3. Beschreib deinen idealen Kunden – berücksichtige Kriterien wie z.B.:

- *Welche Branche und welcher Markt?*
- *Welche Region?*
- *Was lautet der Titel von dem Entscheider?*
- *Hat dieser Markt bestimmte Probleme, die deine Produkte/ Dienstleistungen lösen?*
- *Wenn der Privatbereich zu deinem Potential gehört, wie sieht die demographische Entwicklung aus? Wo leben Sie? Wie leben Sie? Wo und was arbeiten sie? Wo gehen die Kinder zu Schule?*

Dies sind alles Qualifikations-Parameter und sie beschreiben den idealen Interessenten, der bei dir kauft, viel kauft und immer wieder bei dir kauft.

Dann kontaktierst du nur die Interessenten, die zu deinem ausgewählten Profil passen. Passen sie nicht in das Profil, sind sie auch keine qualifizierten Interessenten. Ansonsten verschwendest du viel Zeit mit ihnen und letztlich werden sie doch nichts bei dir kaufen.

Im Business-Bereich solltest du nur die Person anrufen, die ganz oben steht und die Entscheidungen trifft. Das ist in der Regel ein Vorstandsmitglied oder ein Geschäftsführer. Fall diese Person nicht die Entscheidung treffen sollte, dann weiß sie aber, wer dafür zuständig ist.

Viel zu viele Verkäufer vertrödeln ihre Zeit mit Personen, die in der Hierarchie weit unten stehen und keine Entscheidungen treffen dürfen. Sie begründen ihre Vorgehensweise damit, dass ihre Gespräche einfacher zu führen sind, weil sie diesem Gesprächspartner überlegen sind.

Sprichst du mit dem Entscheider, sprichst du mit einem qualifizierten Interessenten. Sprichst du mit einem qualifizierten Interessenten, wird er auch bei dir kaufen.

2. Halte Ausschau nach den Interessenten, die auch du suchst.

In der Regel 1 haben wir die Qualifikations-Parameter definiert, damit du eine zielorientierte Liste erstellen kannst. Erinnere dich immer an diese Parameter, sobald du mit einem Interessenten sprichst.

Wichtig: Bist du auf der Suche nach den besten Interessenten, dann sind das die, die gerne bei dir kaufen, immer wieder kaufen und immer wieder zu dir kommen, um noch mehr zu kaufen. Ein Mythos sagt ja, dass Kaltakquise nur den Zweck hat, einen Interessenten das zu verkaufen, was er gar nicht haben will. In Wirklichkeit bist du doch auf der Suche nach einem Interessenten, der auch dich sucht. Deswegen ist die Qualifizierung so wichtig. Stellst du während eines Telefonates fest, dass die Parameter auf diesen Interessenten doch nicht zutreffen, dann beende das Gespräch und verabschiede dich.

3. Beantworte die Interessentenfrage: *Warum sollten ich interessiert sein?*

Zusätzlich zu deiner zielorientierten Liste wirst du dich auf den Markt und auf die Person konzentrieren, die du jetzt anrufst. Das muss passend sein. Das ist kein einfacher Ansatz. Vorbereitung zählt auch in diesem Fall.

Stell dir folgende Fragen:

- *Vor welchen Herausforderungen steht der Interessent?*
- *Von wo kommen sie?*
- *Was passiert heute im Unternehmen?*
- *Welche Probleme kannst du lösen für deinen Interessenten?*
- *Welche Probleme kannst du zusätzlich bei deinen Kunden lösen?*
- *Wie kannst du deine Kunden weiterhin unterstützen?*
- *Welche konkreten Ergebnisse bekommt dein Interessent/Kunde, wenn er deine Produkte/Dienstleistungen einsetzt?*

Um hier den richtigen Ansatz zu finden, musst du schon tiefgehende Fragen stellen, um das Unternehmen zu verstehen. Mach deine Hausaufgaben und informier dich. Deine Interessenten haben nun wirklich keine Lust, dir das alles zu erzählen. Von einem kompetenten Vertriebler erwarten sie, dass er das alles weiß.

Interessenten haben große Aufgaben zu lösen, sie werden mit Informationen von allen Seiten bombardiert. Wenn du ihre Aufmerksamkeit erreichen willst, musst du schon was Überwältigendes zu sagen haben. Es muss passend sein. Den richtigen Ansatz findest du, wenn du verstanden hast, was in dem Unternehmen passiert. Darauf aufbauend wirst du eine produktive und erfolgreiche Unterhaltung haben.

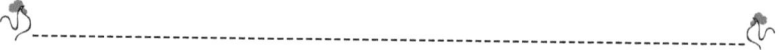

4. Kennst du das Ziel deines Anrufes?

Viele Verkäufer verwechseln Kaltakquisition mit einem sofortigen Abschluss. Jeder Verkaufsprozess durchläuft einzelne Stufen. Von der inneren JA!-Einstellung über Bedarfsanalyse, Vorteil-/Nutzenargumentation, Einwandbehandlung, Abschluss bis hin zu Zusatzverkäufen und dem Empfehlungsgeschäft.

Viele Verkäufer und Inhaber telefonieren mit Interessenten, um persönliche Gespräche zu führen. Andere vereinbaren Termine für eine internet-basierte Präsentation. Selbst diejenigen, die den ganzen Verkaufsprozess über das Telefon abwickeln, brauchen eine bestimmte Gesprächskompetenz mit dem Interessenten. Der Erstanruf ist nicht immer der Verkauf, er ist lediglich die Einführung.

Dieses Ziel ist der Rahmen für deinen Ansatz. Bei deinem Erstkontakt wirst du deinen Gesprächspartner nicht fragen, ob er jetzt bei dir kaufen will oder ob sie jetzt den Lieferanten wechseln wollen. Du stellst nur Fragen, um eine produktives Gespräch zu haben.

Dies hat zwei große Vorteile: Dein Interessent fühlt keinen Verkaufsdruck und er fühlt sich wohl in dem Gespräch. Sobald du Druck ausübst, wird er das Gespräch sofort beenden. Zusätzlich hast du ebenfalls auch ein gutes Gefühl, da du selber keinen Druck hast, jetzt unbedingt am Telefon abschließen zu müssen.

Führ jetzt diese umfassende Unterhaltung am Telefon oder auch im persönlichen Gespräch, dann weißt du, dass du mit einem qualifizierten Interessenten sprichst und er Bedarf an deinen Produkten und Dienstleistungen hat.

5. Perfektioniere deine Vorgehensweise

Grundsätzlich: Smartakquise ist qualifizierte Gesprächskompetenz. Du erwartest, dass dein Interessent den Nutzen versteht, den du ihm vermittelst und wie er davon positiv beeinflusst wird. Du willst, dass dein Interessent von deinem Angebot begeistert und angeregt ist. Um dieses Ergebnis zu erreichen, musst du deine Sprache perfektionieren.

Was sich im 22. Jahrhundert überhaupt nicht verändert hat, ist die Tatsache, dass du wenig Zeit hast, um die Aufmerksamkeit deines Interessenten zu gewinnen. Deswegen ist die Vorbereitung so wichtig. Sobald du den Interessenten am Telefon hast, gibt es keine Improvisation mehr. Hörst du dich uninteressant oder unwichtig an, so wird keiner mit dir sprechen wollen. Sobald ein Interessent sagt: *„Kein Interesse"* und den Hörer auflegt, wirst du keine weitere Chance haben.

Bring exakt den Nutzen (*„Was bringt mir das?"*) für den Interessenten, und untermauere das mit konkreten Beispielen. Stell sicher, dass du dich immer danach fragst, was dein konkretes Ziel ist: ein Gespräch, ein umfangreiches Telefonat oder einen Termin für eine webbasierte Präsentation. Mit der Zeit werden Sie deine Vorgehensweise erlernt haben. Schreib beim Start bitte alle Punkte auf, damit du auch an alles gedacht hast. Jetzt kannst du dich auf das Gespräch mit deinem Interessenten konzentrieren.

Bring mehr Modulation in deine Stimme. Es kommt weniger drauf an, was du sagst, sondern viel mehr darauf, wie du es sagst. Deine Stimme ist wichtiger als deine Worte. Deswegen ist es wichtig, deine Sätze laut aufzusagen. Ruf deine Mailbox an und sprich deinen Text auf die Box. Hör anschließend genau hin, wie du dich anhörst.

Du solltest dich warm, freundlich, vertraut und begeistert anhören sobald du mit dem Interessenten sprichst und er das Gefühl hat, dass du ihm etwas Wichtiges mitzuteilen hast.

6. Benutze alle zur Verfügung stehenden Medien.

Heute ist es anspruchsvoller, mit einem Interessenten zu telefonieren als es in der Vergangenheit war. Dafür stehen dir mehr Möglichkeiten offen, den Interessenten zu erreichen. Es gab eine Zeit, da klappte das nur über das Firmentelefon oder mit einem Brief. Heute gibt es zusätzlich Mobiltelefone, E-Mail, SMS, Voicemail etc.

Versuche immer, deinen Gesprächspartner direkt zu erreichen. Damit hast du sofort eine qualifizierte Unterhaltung am Telefon. Ist das auch der richtige Ansprechpartner und du hast einige Anrufe getätigt und ihn nicht erreicht, dann sprich ihm begeistert auf die Mailbox oder schick ihm eine E-Mail. In meinem Buch „Mehr Termine. Mehr Aufträge. Einfach und entspannt am Telefon mehr Verkaufen" zeige ich dir eine Variante wie du es schaffst, dass 90 Prozent der Interessenten bei dir zurückrufen.

Aber Achtung: Bei einer Nachricht auf dem Mailbox oder mit einer E-Mail ist es zwingend erforderlich, wieder eine werthaltige Information zu hinterlassen. Nur so bekommst du die volle Aufmerksamkeit des Interessenten.

7. Setze ein CRM-System ein.

Für viele Verkäufer wird es schwer sein, diese Regel zu befolgen. Ich bin immer wieder überrascht, dass der überwiegende Teil kein System einsetzt, um die Interessenten- und Kundendaten zu erfassen, zu pflegen und die Aktivitäten zu steuern. Im 22. Jahrhundert gibt es also keinen Grund, auf ein solches System zu verzichten.

Es ist unvorstellbar, vereinbarte Termine nicht einzuhalten. Sinnvoll ist doch ein funktionierendes CRM-System, mit dessen Hilfe Akquisitions- und Verkaufsvorgänge nach einem strukturierten Verkaufsprozess verfolgt werden können.

Stell dir selbst folgende Fragen:

- *Welches System willst du einsetzen, um Geschäfte anzubahnen?*
- *Wie oft rufst du einen Interessenten an bevor du ihn ziehen lässt?*
- *Welche Gesprächsleitfäden benutzt du?*
- *Welchen Leitfaden benutzt du bei deiner Ansage auf der Mobilbox?*
- *Welche E-Mail-Vorlagen verwendest du?*
- *Wie sehen deine Nachfass-Aktionen aus und was sagst du ganz konkret?*
- *Welche anderen Tools benötigst du, um deine Interessenten und Kunden zu unterstützen?*

Die Antworten auf diese Fragen liegen außerhalb dieses Artikels. Sie sind aber sehr wichtig und haben einen zusätzlichen Einfluss auf den Erfolg einer Aktion.

Das Umfeld für die Kaltakquisition hat sich verändert. Die Grundaussage bleibt aber weiterhin bestehen: Kaltakquisition ist immer noch der effizienteste Weg, qualifizierte Kundenkontakte zu generieren, die letztlich in einen Verkauf münden. Du solltest zielorientiert vorgehen, dich auf den Markt konzentrieren und so viele werthaltige Informationen bereithalten, damit die Wünsche und Bedürfnisse deiner Gesprächspartner erfüllt werden.

85% der neu erteilten Aufträge gehen an die 5% der Verkäufer, die fit in der Smartakquise sind.

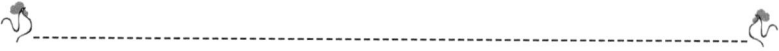

Und du brauchst ein System, um deine Interessenten zu klassifizieren. Bei Smartakquise geht es um eine qualifizierte Gesprächskompetenz, die zu Terminen und profitablen Aufträgen führt.

Die Tage des *„Nummernspiels"* und *„Telefonbuch aufklappen und telefonieren"* sind nun endgültig passé.

Kapitel #9: So akquirierst du effizient am Telefon

Auf der einen Seite professionell im Beruf zu sein und auf der anderen Seite das in Einklang zu bringen mit deinem privaten Bereich kann schon ganz schön anstrengend sein. Wie du an deinem Arbeitsplatz einfach und entspannt erfolgreich akquirierst, liest du hier:

#1: Bevor du dein Büro am Nachmittag/Abend verlässt, stell sicher, dass du eine to-do-Liste für den folgenden Tag angefertigt hast. Dazu gehört auch eine Liste mit 25 Interessenten-Namen, die du am nächsten Morgen anrufen wirst. Diese Anrufe solltest du tätigen, bevor du den Computer einschaltest. Ansonsten beschäftigst du dich bis Mittag mit den E-Mails in deinem Postfach und der Tag ist gelaufen.

#2: Vermeide Unterbrechungen. Jetzt ist ausschließlich Telefonierzeit. Statt im Großraumbüro zu sitzen, solltest du für deine Telefonakquise in einem separaten Raum sitzen.

#3: Lass dein Mobiltelefon im Handschuhfach des Autos liegen oder schalte es aus und leg es tief unten in den Schreibtisch oder in die Aktentasche.

#4: Sprich mit deinem Verkaufsleiter ab, welcher Wettbewerb in dieser Woche stattfindet. Wer die meisten Termine/Abschlüsse hat, bekommt z.B. das Buch „Werners weiße Verkäuferkladde" geschenkt, um noch besser zu werden.

#5: Vereinbare mit der Dame in der Telefonzentrale, dass alle ankommenden Anrufe für dich direkt weitergeleitet werden auf deine Voicemail-Box.

#6: Falls du Zugriff auf deine Kundendaten benötigst, dann schalte die Funktionen E-Mail und den Internetbrowser konsequent aus. Nur dein CRM-Programm sollte jetzt auf dem System laufen.

#7: Starte deinen Akquisitionstag, in dem du bereits 30 Minuten vor der Arbeitszeit in deinem Büro bist.

#8: Schließ die Tür zu deinem Büro und häng draußen ein Schild mit der Aufschrift hin: „*Bitte nicht eintreten. Ich verdiene gerade Ihr Gehalt.*"

#9: Versende die E-Mails und Angebote aus deinen Akquisitionstelefonaten erst am Ende des Tages. So konzentrierst du dich auf deine Telefongespräche. Telefonieren mit sofortigem E-Mail-Versand stört deinen Arbeitsablauf erheblich und bringt nur miserable Quoten. Untersuchungen bestätigen, dass nach einem Arbeitswechsel bis zu 25 Minuten benötigt werden, um sich wieder voll auf die Telefonierzeit zu konzentrieren.

Alle Punkte haben eins gemeinsam: sie sind tausendfach praxiserprobt und funktionieren. Du brauch sie nur umsetzen.

Kapitel #10: Wie lauten die drei Akzeptanzstufen in der Kaltakquise?

#1: Die persönliche Akzeptanz

Versetz dich in die Lage deines Interessenten. Plötzlich steht unangemeldet eine Person vor dir, reicht dir die Hand und du weißt nun wirklich nicht, was du mit ihm anfangen sollst. Er will dir was verkaufen (das ahnst du ja schon). Da du Herr über dein Reich bist, kannst du den Besuch wieder jederzeit an die frische Luft setzen. Tust du es nicht sofort, nachdem sich der Gast vorgestellt hat (diese Chance gewährt man den meisten Menschen), dann hast du zunächst einmal seine Person akzeptiert. Und der Verkäufer hat sein erstes Etappenziel erreicht und die persönliche Akzeptanz hergestellt.

#2: Die Unternehmens-Akzeptanz

„Wie bitte heißt das Unternehmen, für das Sie arbeiten?" Dein möglicher Kunde muss einen triftigen Grund darin sehen, dass sich ein anderes Unternehmen bei ihm vorstellt.

Ein Malermeister wird den Hersteller von Dachsteinen nicht so schnell akzeptieren. Versteht sich von selbst. Kompliziert wird es erst dann, wenn sich der Dachsteinhersteller beim Dachdecker vorstellt. Zumal wenn er erwidert: „Nee. Lieber Freund, mit Ihrer Firma hatte ich vor einem Jahr arge Probleme mit der Garantie." Jetzt wird es für den Verkäufer eine große Herausforderung, wenn er sich intensiv mit der Einwandbehandlung beschäftigt hat.

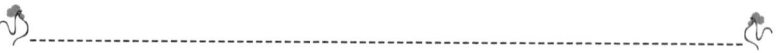

#3: Die Akzeptanz deines Besuches

Gut, jetzt ist der Verkäufer nun mal im Unternehmen. „Mal sehen, was ihn ausgerechnet zu mir getrieben hat" sagt sich der Unternehmer. Du musst jetzt als Verkäufer den Grund deines Besuches nennen, den dein Interessent einer „Akzeptanzprüfung" unterziehen wird. Typisches Killer-Geschwätz vieler Verkäufer sind Sätze wie „Ich war gerade in der Gegend unterwegs" oder „Ich bearbeite dieses Gebiet" oder „Wenn es Ihnen nichts ausmacht, können wir auch einen anderen Termin vereinbaren."

Na, wenn das so ist und der Verkäufer wahllos Klinken putzt, kann er auch direkt zum Nachbarn gehen und den belästigen. Wahllosigkeit und zufällige Besuche nehmen Interessenten und Kunden übel.

Kapitel #11: Smart akquirieren oder lieber gleich Kaltakquise?

Kaltakquise - wenn manche Verkäufer das Wort hören, dann läuft es ihnen heiß den Rücken runter. Sie schauen mich mit großen Augen an und fragen: *„Ist das wirklich erforderlich?"*

Möglicherweise bis du einer der Verkäufer. Ist das der Grund, dass du diesen Artikel jetzt liest? Da knabbern sich doch viele Menschen lieber Stück für Stück die Fingernägel ab als dass sie zum Telefonhörer greifen und irgendjemanden anrufen, den sie nicht kennen und dem sie jetzt etwas verkaufen sollen.

Ich habe herausgefunden, dass es 4+1 Ängste in der Kaltakquise gibt:

1. Angst vor dem NEIN des Gesprächspartners
2. Angst, aufdringlich zu sein
3. Angst, keine Antworten auf die Fragen des Gesprächspartners zu haben
4. Angst vor der Frage: *„Was wird der andere von mir denken?"*
4+1. Angst vor Preisverhandlungen

Aus diesen 4+1 Ängsten resultiert die Ablehnung der Kaltakquise. Es kommt noch hinzu, dass viele Verkäufer Kaltakquise machen müssen, aber keine Ahnung davon haben, wie sie tatsächlich funktioniert. Sie verwenden die üblichen Standards, die keinen vom Hocker reißen und die sich wie eine Epidemie weltweit ausgebreitet haben. Das kann ja alles nur in einer Ablehnung enden.

Ja, Kaltakquise ist überflüssig. Und sie ist blöd. Ich vermute, du wirst sie nie wieder machen, wenn du die nächsten Ausgaben meines sales vitamins gelesen hast? Und ich wünsche mir, dass du das Wort

„Kaltakquise" oder „Kaltakquisition" niemals aus deinem Wortschatz streichen wirst.

„Ich habe in meiner Karriere über 9.000 Korbwürfe verfehlt. Ich habe fast 300 Spiele verloren.

26-mal wurde mir der spielentscheidende Wurf anvertraut und ich habe daneben geworfen.

Ich habe wieder und wieder und wieder versagt.

Und deswegen bin ich erfolgreich."

Michael Jordan

„Aber, Werner – du hast doch mit so vielen Verkäufern Kaltakquise am Telefon gemacht und warst mit ihnen im Gewerbegebiet unterwegs und hast Neukunden kalt akquiriert – ist das jetzt alles „Schnee von gestern"? Diese Frage ist berechtigt. Und ich werde dir die Antwort auch noch geben.

Starten wir damit, das Wort *„Kaltakquisition"* zu erläutern. Eine Kaltakquise findet statt, wenn ein Verkäufer jemanden anruft, den er nicht kennt und über den er keine Informationen hat. Dieser Jemand kennt den Verkäufer ebenfalls nicht und wartet demnach auch nicht auf einen Anruf vom Verkäufer. Hinzu kommt, dass der Verkäufer jetzt wie ein Roboter (in vielen Callcentern ist das ja so) irgendwelche Personen anruft und jedes mal das gleiche am Telefon sagt.

Klar enden diese Telefonate in einer Ablehnung. Um dir die Absurdität aufzuzeigen, gibt es hier ein kleines Beispiel:

Ein Redakteur hat ein Interview mit dem bekannten Schauspieler Mario Adorf. Er beginnt seinen Einstieg in das Gespräch immer mit dem gleichen Satz: *„So, Mario Adorf, ich starte mein Interview so, wie ich es immer gemacht habe mit hunderten von persönlichen Fragen. Deswegen meine erste Frage an Sie: Was machen Sie ganz konkret?"*

Ist doch lächerlich, oder? Solch eine Situation kann ich mir nun wirklich nicht vorstellen.

Oder stell dir jetzt vor, dass der Verkäufer in einem Unternehmen anruft, erwischt eine Person von der er annimmt, dass es der Entscheider ist und sagt: *„Hallo Herr Wegmann, ich bin Karl Karlsson von der ABC-GmbH. Wir verkaufen Werkzeuge. Ich will Ihnen etwas erzählen über unser Unternehmen und unsere Produkte, da ich Ihr Lieferant werden möchte. Was macht denn Ihr Unternehmen so?"*

Das ist doch absurd, so vorzugehen, oder? Und trotzdem passiert es zigfach jeden Tag. Schlecht vorbereitete Verkäufer machen blind Telefonanrufe mit althergebrachten Techniken aus dem letzten Jahrtausend und hoffen, irgendjemand greift zum Hörer, hört sich den Redeschwall an und sagt „Ja, das interessiert mich!"

Doch die Hoffnung stirbt zuletzt.

Warum die Akquise am Telefon sowohl lebens- als auch überlebenswichtig ist.

Nachdem wir jetzt gründlich das Konzept der Kaltakquise überarbeitet haben, lass uns eins klarstellen. Die Akquisition am Telefon ist überlebenswichtig für Nachhaltigkeit und Wachstum.

Huh?

Das stimmt. Akquise am Telefon ist ein ganz wichtiger Part für Neukundengewinnung und Wachstum.

Idealerweise ist das nicht der einzige Weg, aber es ist ein ganz wichtiger Part in dem Prozess. Ein Unternehmen, in dem die Vertriebler nur darauf warten, dass das Telefon klingelt und eine Bestellung per Fax oder Internet hereinkommt, sind bei weitem nicht so erfolgreich wie die Jäger, die zum Telefon greifen und aktiv akquirieren.

Denk darüber nach: In jedem Unternehmen findest du Kunden, die nicht mehr kaufen. Das kann sein wegen einer Unternehmenspleite, Verkauf an andere Unternehmen, Verkleinerung, Konzentration nur auf bestimmte profitable Produkte, Tod des Inhabers etc.

Warum wandern Kunden ab? Warum wechseln Kunden? Hier gebe ich dir eine Übersicht aus der letzten Umfrage:

- 01% stirbt aus
- 03% ziehen um
- 05% wechseln aufgrund anderer Empfehlungen
- 09% finden das woanders billiger
- 14% sind mit dem Produkt unzufrieden
- 68% fühlen sich gleichgültig behandelt.

Deswegen ist es unabdingbar, dass dieses verloren gegangene Potential ausgeglichen wird und für das Wachstum neue Kunden akquiriert werden. Und die Akquise am Telefon macht das – direkt und sofort!

Erfolgreich ist diese Vorgehensweise allerdings nur dann, wenn sie auch richtig gemacht wird. Das passiert mit der Smartakquise, so wie ich sie eben schon beschrieben habe.

Oh mein Gott, da gibt es natürlich Lästermäuler die sagen – und auch fest daran glauben - das die Interessentenqualifizierung tot ist. Sie sprechen von „Kaltakquise" in ihrer Terminologie aber sie meinen die Qualifizierung im Besonderen. Einige dieser Anti-Kaltakquise-Gurus haben sich auch einen Namen im Markt gemacht und Bücher und E-Books veröffentlicht mit Titel wie

- *Nie wieder Kaltakquise*
- *Kaltakquise ist tot*
- *Kaltakquise ist out – Kunden stehen jetzt bei Ihnen Schlange*
- *Der Neukunden-Autopilot*

Diese Maßnahmen suggerieren dir, dass du als Verkäufer schneller an die Entscheider herankommst, indem über social media oder inbound-Marketingstrategien neue Kundenanfragen generiert werden und die Interessenten somit bei dir anfragen. Dies ist allerdings sehr theoretisch und wird demzufolge von vielen gegenüber der Kaltakquise bevorzugt.

Wenn du die Zeit dazu hast und das nötige Budget für diese Marketingaktionen bereitgestellt hast, dann kannst du auch sicher davon profitieren. Irgendwie funktionieren sie alle auf ihre Art und Weise. Ich vergleiche das immer mit den einzelnen Speichen eines Rades – jede Speiche leistet ihre Funktion und führt im Endeffekt zu einem Erfolg.

Schließlich sind und bleiben alle diese Aktivitäten eins: MARKETING. Und wenn ein Verkäufer – dessen Aufgabe ja darin besteht zu *verkaufen* – Zeit damit verbringt, Briefe und Angebote zu schreiben, E-Mails zu entwerfen, Informationen auf den sozialen Plattformen zu verbreiten und andere administrative Aufgaben zu erledigen, dann kommt er nicht zu dem, was seine wichtigste Aufgabe ist: mit Menschen zu sprechen.

Ich sehe Verkäufer, die viele E-Mails versenden ohne wichtige Inhalte. Ja, sie sind beschäftigt und manchmal sehr beschäftigt. Tatsache ist ja, dass sie davor zurückschrecken, zum Telefonhörer zu greifen und Interessenten anzurufen. Sie fühlen sich unwohl dabei und haben schon die entsprechende Einstellung nach dem Motto: *„Ich hasse es ja auch, wenn mich wildfremde Leute anrufen und mir etwas verkaufen wollen."*

Da frage ich mich immer: „Was machen diese Personen im Vertrieb? Ich bin ja ein Fan von den heutigen Techniken. Ich verlasse mich allerdings nicht auf die eine Technik, ich setze sie alle unterstützend ein. Nur, das ist immer noch kein VERKAUFEN. Da schwingt immer die Hoffnung mit, dass mich irgendwann irgendjemand anrufen wird und sich für mich und meine Produkte interessiert.

Ein amerikanische Trainer und Buchautor beschreibt es in seinem Buch „*New Sales. Simplified.*" so:

„*Verkaufen ist ein Verb.*"

Überraschung: das ist ja ein **„TU-Wort"!**

Und er schreibt weiter:

- „*Spitzenverkäufer warten nicht auf irgendetwas.*"
- „*Spitzenverkäufer handeln, sie agieren statt zu reagieren.*"
- „*Abwarten ist ein grundlegender Fehler des Verkäufers.*"

Da kann ich nur zustimmen. Sobald du einen qualifizierten Interessenten identifiziert hast und du da Gefühl hast, dass er eines Tages zu einem großartigen Kunden wird, dann brauchst du ja nur noch auf seinen Anruf warten, oder? Was glaubst du wohl, wie viele Verkäufer täglich auf einen solchen Anruf warten? Die gute Nachricht: sie warten immer noch. Dabei hat er schon längst bei der Konkurrenz bestellt, denn der Verkäufer hat zum Telefonhörer gegriffen und angerufen.

Dass die Akquisition am Telefon ja funktioniert, darüber brauchen wir uns nicht unterhalten. In meinem Vertriebsleben über 33 Jahre habe ich tausende von Kaltanrufe getätigt und bin damit erfolgreich gewesen und akquiriere heute noch bei vielen Unternehmen per Kaltanruf. Und ich habe Erfolg damit. Weil ich weiß, wie es funktioniert.

Deswegen bezeichne ich meine Vorgehensweise als Smartakquise. Sie ist zig-fach getestet und funktioniert. In seinem Buch „Cold Calling for Chickens" schreibt der Autor Bob Etherington: „*In jedem Markt gehen 85% der zu vergebenden Aufträge an die 5% der Verkäufer, die die Kaltakquise beherrschen.*"

Bob Etherington verwendet hier die Bezeichnung „Kaltakquise", da er weiß, wie diese Form der Akquise nur von denen erfolgreich umgesetzt wird, die sie beherrschen.

Kaltakquise ist der schnellste und effektivste Weg, um die Pipeline der Verkäufer schnell zu füllen. Das ist der Unterschied zwischen dem Gespräch mit dem big Boss oder ob ich eine Anfrage von einem Mitarbeiter bekomme, der nur „vorsortiert".

Schau dir die Karrieren vieler Führungskräfte hier in Deutschland an, sie sind groß geworden durch Kaltakquise. *„Wer die Karriereleiter emporklettern will, muss viele Klinken drücken",* so der frühere Vorstandsvorsitzende der Allianz-Versicherung.

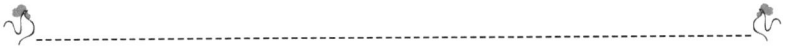

Kapitel #12: Wozu benötigst du einen Telefonleitfaden?

Gerne erinnere mich noch an meine Zeit als Vertriebs-Assistent. Ich saß an meinem Schreibtisch, starrte auf den Stapel von Interessentendaten mit einem flauen Gefühl im Magen. Das „auf die lange Bank schieben" nutzte auch nichts, denn irgendwann habe ich den Hörer in die Hand genommen, die Nummer gewählt und zog eine fürchterliche Grimasse, als die Palastwache (Telefonzentrale, Sekretariat etc.) nachfragte: „Wer sind Sie?" „Von welchem Unternehmen?" „Weiß er, weswegen Sie anrufen?" „Hatten Sie schon Kontakt zu ihm?" „Es ist besser, Sie schicken vorab eine Mail an die Adresse info@musterfirma.de!"

Diese unbequemen Fragen der Palastwache brachten mich ja nicht unbedingt aus meinem Konzept, aber zwangsläufig fragte ich mich schon, warum ich ausgerechnet im Verkauf gelandet war. Es war allerdings der erste Anruf des Tages und bis zum Wochenende musste ich noch hunderte solcher Anrufe tätigen. Der Gedanke daran führte wieder zu diesem flauen Gefühl im Magen.

Es vergingen einige Tage und ich fing schon an, diese Tätigkeit zu hassen und fand tausende von Gründen, warum dass alles bei mir nicht funktionieren konnte. Kurze Zeit später traf ich einen Verkaufstrainer – und danach war alles anders. Ich denke immer noch daran, wie er aus seiner Tasche einen Hefter zog gefüllt mit Telefonleitfäden für die unterschiedlichsten Aktivitäten am Telefon. Er war der Meinung, dass es für meinen kontinuierlichen Erfolg nur einen Weg gäbe: nämlich einem erprobten System und einem wirkungsvollen Verkaufsprozess zu folgen gestützt auf die bewährten Telefonleitfäden.

Er erläuterte, dass ein solcher Telefonleitfaden überlebenswichtig sei, um Kaltanrufe zu tätigen, Termine am Telefon zu vereinbaren, Nachfaß-Telefonate zu führen und am Telefon zu verkaufen.

Telefonleitfaden? Soll dass ein Witz sein? Ich will doch nicht wirken wie jemand aus dem Callcenter!

Das war meine erste Reaktion, als er über Telefonleitfäden sprach. Sicher bekommst du auch jeden Tag Anrufe von unterschiedlichen Firmen, mal geht es um ein Zeitungs-Abo, dann geht es um Wein aus Frankreich oder um eine spezielle „völlig sichere" Geldanlage und das letzte, was ich wollte war, so am Telefon zu klingen, wie diese Telefonverkäufer.

Dann sagte der Trainer etwas, was wirklich Sinn machte. Wenn du genau darüber nachdenkst, arbeitet doch jeder Erfolgreiche mit einem Script oder er hat eine sorgfältig schriftlich zugelegte Routine. Das kann ein sehr erfolgreicher Sportler sein, der nach einem Script seine Übungen absolviert und neue Techniken einstudiert. Oder es geht um die Tänzer, die ebenfalls nach einem Script neue Tanzübungen einstudieren. Was diese Profis so erfolgreich macht ist doch die Tatsache, dass sie die Übungen immer wieder einstudieren – nicht einmal, nicht zehnmal, hunderte Male. Und bei Ihrer Präsentation laufen sie fehlerfrei zur Hochform auf.

Ein Script für die Sportler - das machte für mich Sinn. Aber das aufzuschreiben, was ich am Telefon sagen wollte? Das ist doch ganz schön happig! Und dann sprach er von den Schauspielern, die Millionen von Euro für Ihren Auftritt in einem Film bekommen. Sie stellen sich ja auch nicht auf die Bühne oder vor die Kamera und schwatzen munter drauf los, oder? Niemals! Jedes Wort wurde vorher aufgeschrieben und von dem Schauspieler so lange wiederholt, bis es sich natürlich, glaubhaft und herzlich angehört hat.

Statt durch den Text zu stolpern, konzentrieren sich diese hoch bezahlten Profis auf die exakte Sprechgeschwindigkeit, ihr Stimmvolumen, ihre Modulation und ihren Ton in der Stimme.

Ich war ja immer noch skeptisch und fühlte mich unwohl dabei, mein gesamtes Telefonat aufzuschreiben. Dann fragte mich der Trainer, ob ich zuletzt einen Film gesehen hätte, der mich emotional berührt hat. Ich nickte zustimmend mit dem Kopf. „Hast du denn bemerkt, dass die Schauspielerin nichts anderes gemacht hat, als das zu sagen, was Zeile für Zeile im Script steht und du hast dich auch noch wohl dabei gefühlt?" fragte er mich.

Erinnerst du dich an die letzte Sportschau? Wie viele Zettel hielt der Moderator in der Hand? Oder bei den Heute-Nachrichten, oder Tagesschau im Fernsehen. Die Textblätter (= Script) liegen alle auf dem Tisch und zusätzlich erscheint der Text auf dem Teleprompter zum Ablesen. So einfach ist das für den Moderator, wenn er mit einem Script arbeitet. Der Moderator entscheidet nicht situativ was er sagt, sondern der gesamte Text wurde notiert und mehrfach einstudiert. Stefan Raab sagte im Zusammenhang mit dem Song Contest 2011 in Düsseldorf in einem Interview: *„Hier wird ja auch alles gescriptet."*

Als Christian Wulf zum Bundespräsidenten vereidigt wurde, hatte er auch ein Script vorliegen. Er hatte den Text abgelesen – okay, er hatte sich verhaspelt und musste wieder von vorn beginnen. Das wird dir ja nicht passieren, da du dich ja mit diesem Buch viel besser vorbereitet bist.

Dann erklärte mir der Trainer, dass mindestens 70 Prozent (manche sprechen von 90 Prozent) des Verkaufsgesprächs nichts anderes ist als die Übermittlung von Überzeugung und Begeisterung.

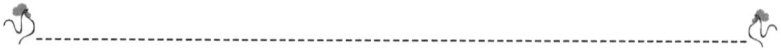

Und der beste Weg um dies zu erreichen, ist die Konzentration auf die korrekte Informationsvermittlung als permanent darüber nachzudenken, was ich als nächstes sagen will.

Damit hatte er meine volle Aufmerksamkeit. Nach dem Gespräch mit dem Trainer war ich soweit, meine eigenen Telefonleitfäden zu schreiben. Das war eine meiner besten Entscheidungen. Meine Umsätze und Provisionen schnellten in die Höhe. Mit dem Einsatz eines Telefonleitfadens konnte ich innerhalb von neun Monaten meinen Platz von den hinteren Rängen verlassen und gehörte nun zu den Topp-20%-Profis.

Heute – nach 24 Jahren Selbständigkeit als Verkaufstrainer – schreibe ich für meine Akquisitionen immer einen Telefonleitfaden. Und das halte ich auch in meinen Trainings so. Es ist auch nicht das erste Script, das sofort erfolgreich bei den Interessenten ankommt. Ich muss meine Scripte verändern und anpassen, bis ich zu dem Ergebnis komme: jetzt sind sie optimal.

Mit diesen Telefonleitfäden erreichen die von mir trainierten Verkäufer einen erstklassigen Gesprächseinstieg, handeln völlig entspannt die Einwände ab, stellen qualifizierte Powerfragen, vereinbaren mehr Termine, machen mehr Verkaufsabschlüsse und steigen damit zu den Topp-20%-Profis in ihrem Unternehmen auf.

Kapitel #13: Kennst du die sechs Gründe für einen Telefon-/ Gesprächsleitfaden?

Wenn du von einem Telefonleitfaden noch nicht so richtig überzeugt bist, gebe ich dir hier sechs weitere Gründe, die für einen Telefonleitfaden sprechen:

Grund Nr. 1: Telefonleitfäden bringen Professionalität.

Wie oft hast du deinen Vertriebskollegen zugehört und festgestellt, dass sie rumgeschwafelt haben, nur weil sie keinen Telefonleitfaden benutzt haben? Hast du bemerkt, dass jedes Gespräch sich anders anhört und anders ist als das vorhergehende? Manchmal wunderst du dich, dass tatsächlich ein Interessent noch am anderen Ende der Leitung ist. Tatsache ist jedoch: je mehr du am Telefon rumschwafelst, umso weniger Kontrolle hast du über dein Gespräch, je weniger qualifizierst du und dann hörst du dich auch noch an wie ein Callcenter-Agent.

Wenn du mit einem 20 Prozent-Anteil zufrieden bist, dann kannst du auch gerne weiterhin improvisieren.

Willst du allerdings zu den Profis gehören und 80 Prozent des Umsatzes realisieren und somit fette Provisionen kassieren, dann wirst du dich nur professionell anhören, wenn du einen Telefonleitfaden benutzt. Wenn du das bis heute noch nicht gemacht hast, dann wird es jetzt Zeit.

Grund Nr. 2: Bei der Benutzung eines Telefonleitfadens wirst du alle qualifizierenden Fragen stellen.

Wie oft ist es dir schon passiert, dass du nach dem Telefonat den Hörer aufgelegt und dann bemerkt hast, dass du die wichtigsten Fragen nicht gestellt hast wie zum Beispiel:

- *Wie viele Entscheider gibt es im Unternehmen für dieses Projekt?*
- *Woher kommt exakt das Geld, das für dieses Projekt ausgegeben wird?*
- *Vom wem haben sie bisher gekauft?*
- *Bekommen sie von dem bisherigen Lieferanten eine bevorzugte Behandlung? Wenn ja, wie sieht diese aus?*
- *Nach welchen weiteren Lösungen suchen sie im Unternehmen?*
- *Sind sie jetzt kaufbereit oder wollen sie noch sechs Monate warten?*
- *Wie viele Verkäufer sind im Unternehmen beschäftigt? Wie viele sind im Außendienst und wie viele im Innendienst?*
- *Wie lösen Sie das heute und welche Wünsche haben Sie für die Zukunft?*

Diese und viele andere wichtige Fragen werden in den Telefonaten einfach nicht gestellt und um dies zu vermeiden, ist der Einsatz eines Telefonleitfadens dringend erforderlich. Du bist mehr damit beschäftigt darüber nachzudenken, was du als nächstes sagen willst und die wichtigsten Fragen hast du in dieser Situation vergessen.

Ein weiteres Problem bekommst du, wenn du diese Interessenten ein zweites Mal zurückrufst. Jetzt bezahlst du den Preis dafür, dass du im Erst-Telefonat vergessen hast, diese wichtigen Fragen zu stellen. Wie oft hast du einen Interessenten angerufen und gehört: „Wir haben uns das angeschaut – sind aber nicht interessiert." Oder „Wir sind noch nicht soweit, vielleicht erst in sechs oder 10 Monaten – rufen Sie dann noch mal an." Oder „ich kann mir das nicht leisten. Ich habe nur ja zu den Informationen gesagt, weil Sie mir das angeboten hatten."

Frustrierend, nicht wahr? Bekommst du diese Antworten von deinen Interessenten, sobald du zurückrufst, dann weißt du, dass du gravierende Fehler im Erstgespräch gemacht hast. Du hast vergessen, die wichtigsten Fragen zu stellen und damit sabotierst du dich und deinen Abschluss.

Grund Nr. 3: Telefonleitfäden machen deine Tätigkeit viel einfacher und entspannter.

Du kennst sicher 90 Prozent der Einwände, die deine Gesprächspartner immer wieder bringen. Du hörst diese Einwände so oft und manchmal hast du das Gefühl, dass sie einen Telefonleitfaden für Einwände benutzen. Warum bist du auf eine solche Situation so schlecht vorbereitet? Handelst du vorausschauend, dann kennst du die Einwände und dann solltest du auch professionell vorbereitet sein. Sobald du einen Einwand hörst, hast du sicher dieses flaue Gefühl im Magen. Ist es da nicht besser, bestens vorbereitet zu sein, sich diese immer wiederkehrenden Einwände anzuhören und dann entspannt darauf zu antworten und dann den Abschluss zu erzielen?

Nur mit einem Telefonleitfaden ist das möglich. Bist du gut vorbereitet auf diese Tag für Tag immer wiederkehrenden Einwände, so macht das deinen Job nicht unbedingt einfacher aber dafür erfolgreicher.

Denk mal darüber nach. Wenn du den Standard-Einwand hörst: „Der Preis ist zu hoch!" da ist es doch viel angenehmer zu sagen:

„Ah, ich verstehe. Lassen wir im Moment mal den Preis außen vor. Wenn der Preis besser zu Ihrem geplanten Investment passen würde, könnten wir dann den Abschluss heute machen?"

Das hört sich doch viel besser an als das, was du bisher immer gesagt hast. Glaub mir, 80 Prozent deiner Konkurrenten improvisieren, wenn sie diese oder ähnliche Einwände hören und das macht ihren Job nur noch härter. Benutzt du ein Telefonleitfaden von einem Profi, dann bist du bestens vorbereitet, baust Vertrauen auf, wirst diese auftretenden Einwände behandeln, verminderst deine Frustration und tausende von Euro sichern dir einen schnelleren Verkaufsabschluss.

Grund Nr. 4: Du kannst dich ganz darauf konzentrieren, was dein Gesprächspartner zu dir sagt.

Du brauchst nicht zu überlegen, was du als nächstes sagen wirst sondern du hörst deinem Gesprächspartner aktiv zu. Du hörst was er sagt und wie er es sagt. Hörst du aktiv zu, dann wirst du vom Interessenten exakt erfahren, welche Wünsche und Bedürfnisse er hat und wie du zum Abschluss kommst (oder warum sie noch nicht bereit sind zu kaufen).

Das ist ein ganz wichtiger Punkt. Bist du bei der Qualifizierung eines Interessenten und du folgst deinem Script und stellst die richtigen Fragen, dann wirst du dich wundern, wie sich deine Gesprächspartner offenbaren. Sie werden dir exakt sagen, was du für einen Abschluss tun musst. Oder sie sagen dir die Gründe, warum sie jetzt noch nicht kaufen können. Egal wie es ist, du bist doch in einer hervorragenden Situation, wenn du vorausschauend weißt, was du zu tun hast, wenn du deinen Gesprächspartner erneut anrufst, um den Abschluss zu machen.

Du wirst nur dann diese Informationen bekommen, wenn du aktiv zuhörst. Und aktiv zuhören kannst du nur, wenn du dich nicht darauf konzentrieren musst, was du als nächstes sagen willst.

Grund Nr. 5: Ein Telefonleitfaden geben dir Selbstvertrauen.

Du wirst erkennen, dass Kaltakquisitionen, Terminvereinbarungen und Verkaufsabschlüsse leichter durchzuführen sind, wenn du ein Telefonleitfaden benutzt. Das hängt damit zusammen, dass du immer wieder die gleichen Einwände hörst und du mit dem Script bestens vorbereitet bist. Machst du hunderte von Anrufen, dann wirst du wenig Kreativität bei den auftretenden Einwänden erkennen. Über 90 Prozent der Einwände sind doch immer gleich. Ansagen wie: „Ich bin nicht interessiert" oder „Wir haben dafür kein Geld im Budget" oder „Wir haben bereits einen Verkaufstrainer/Lieferanten" hörst du doch dutzende Male jeden Tag oder jede Woche.

Mit dem Einsatz eines Telefonleitfadens und den professionellen Antworten darauf wirst du die Einwände professionell behandeln und mit Selbstbewusstsein überwinden. Ansonsten gehörst du zu den 80 Prozent der Verkäufer, die mit ihren Antworten „rumeiern" und nicht oder nur wenig überzeugen.

Grund Nr. 6: Nur ein Telefonleitfaden führt zur Perfektion.

Viele Menschen sagen, dass viel Praxis zur Perfektion führt. Aber das stimmt nur bedingt. Jedoch: die permanente Anwendung führt zur Nachhaltigkeit. Nur die regelmäßige Anwendung des Telefonleitfadens führt zur Perfektion.

Wenn du immer ohne Telefonleitfaden arbeitest, dann verstärkst du deine schlechten Gewohnheiten und du lernst nichts dazu. Vielleicht klingst du sogar schlimmer und schlimmer und wunderst dich, was los ist.

Andererseits - wenn du mit einem Telefonleitfaden arbeitest, dann wirst du von Gespräch zu Gespräch immer besser. Mit jedem gehörten Einwand wirst du sicherer und baust mehr Selbstvertrauen auf, weil du ja die Perfektion praktizierst.

Telefonleitfäden ermöglichen dir auch, deine Stimme zu trainieren: die Sprechgeschwindigkeit, die Modulation, die Stimmhöhe, die Begeisterung etc. So wie du das Gespräch eröffnest, so wie du den Interessenten qualifizierst, so wie du den Abschluss machst, so wie du nach dem Auftrag fragst, so wie du auf die Einwände antwortest ist doch immer gleich. Da macht es doch Sinn, die effizienten Techniken zu erlernen und anzuwenden. Setzt du diese Techniken jetzt tagtäglich ein, so werden sie dich von den hinteren Rängen nach vorne bringen, zu den Topp-20%-Verkäufern. Und das willst du ja.

Wer das Herz erreicht,
der kann dem Kopf mehr verkaufen.

Kapitel #14: Fünf Geheimnisse, mit denen du jedes Interessenten-Gespräch killst

Ich habe geschrieben, getestet, neu geschrieben, verändert, neu variiert, zusammengesetzt, copy and paste gemacht und insgesamt hunderte von Telefonleitfäden in den letzten 20 Jahren geschrieben.

Ich habe Scripte geschrieben für die Gesprächseröffnung, Scripte für den Abschluss, Scripte für Kalt-Akquisition, Scripte für Warm-Akquisition, Scripte für ankommende Gespräche, Scripte zur Qualifizierung von Interessenten, Scripte für Mehr-Verkauf, Scripte zur Bedarfsermittlung, Scripte zur Terminvereinbarung, Scripte für Verkäufer-Termine, Scripte für Reklamationen und Beschwerden, Scripte für Abo's, Scripte für Ansagen auf der Sprachbox etc.

Und ich habe mittlerweile 16 Fachbücher und 18 E-Books geschrieben.

Viele Unternehmer und Verkäufer geben mir ihre Telefonscripte zur Überarbeitung und Verbesserung. Und wieder stelle ich fest, dass immer wieder viel Falsches gesagt wird.

Geheimnis #1:
Hör auf zu fragen: *„Wie geht es Ihnen heute?"* oder *„Habe ich heute Glück, dass ich den Chef erreiche?"* Ob du es glaubst oder nicht, 80 Prozent deiner Verkaufskollegen starten so das Verkaufsgespräch und werden in die Schublade *„lahmer Verkäufer"* abgelegt. Hinzu kommt noch, dass Sie die falschen Fragen stellen.

„Hallo Herr/Frau ....., wie geht es Ihnen heute am (Wochentag)?" oder *„Hi, Herr/Frau ....., schönen (Wochentag) heute."*

Hört sich gerade nicht beeindruckend an oder? Aber glauben Sie mir, tagtäglich höre ich solche Gesprächseröffnungen.

Geheimnis #2:
Rede nicht auf deinen Gesprächspartner ein – stell viele offene Fragen und damit baust du eine Beziehung auf. Auch hier wieder: 80 Prozent der Verkäufer starten direkt mit dem Verkaufsprozess, sobald der Interessent am Telefon ist. Vergleich dein Script mit meinem Script und frag dich, wie lang muss deine Gesprächseröffnung sein? Drei Sätze? Vier? Alles viel zu lang!

Zieh doch deinen Gesprächspartner gleich in deinen Bann und starte eine Unterhaltung. Das heißt: viele offen Fragen stellen. Das könnte zum Beispiel sich so anhören:

„Hallo Herr/Frau..., darf ich direkt auf den Punkt kommen? Prima, der Grund meines Anrufes besteht darin... Wie lösen Sie das heute?"

oder

„Herr/Frau..., ich rufe Sie heute ganz gezielt an, um Ihnen aufzuzeigen, wie Sie Geld und Zeit sparen im Buchungsprozess. Ich habe gehört, dass Sie für den Bereich verantwortlich sind, ist das richtig?"

Siehst du wie das jetzt funktioniert? Es ist ungemein wichtig, schnell eine Beziehung aufzubauen und das kannst du am besten, wenn du Fragen stellst.

Geheimnis #3: Zuhören und richtig antworten
Eine Frage gleich zu Beginn des Gespräches zu stellen bedeutet noch nicht, dass eine Beziehung hergestellt wird. Aber du kannst damit ihre Reaktion testen. 80 Prozent deiner Konkurrenz stellt keine Fragen, weil sie besorgt sind, dass der Interessent kein Interesse haben könnte. Das ist völlig okay.

Dafür finden die Top-20%-Verkäufer heraus, wer verantwortlich ist und wer nicht. Und das finden Sie nur heraus, in dem sie aktiv zuhören und tiefergehende Fragen stellen.

Mit anderen Worten, du startest nicht gleich mit dem Verkaufsprozess – gehst aber später gezielt auf das ein, was der Interessent sagt und verknüpfst das miteinander.

Geheimnis #4:
Erstell dir eine Liste mit allen relevanten Fragen um herauszufinden, ob dein Gesprächspartner qualifiziert ist oder nicht.

Du solltest exakt herausfinden:

- *Warum wollen sie kaufen (Kaufgründe)?*
- *Warum sie nicht kaufen wollen(mögliche Killer-Einwände?*
- *Wer trifft die Entscheidungen (wie viele Personen sind eingebunden)?*
- *Wie geht der Entscheidungsprozess voran (wie lange, wann ist allerletzter Termin etc.)?*
- *Welche anderen Unternehmen sind angesprochen worden (Ihre Konkurrenz)?*
- *Was ist ihr Budget?*

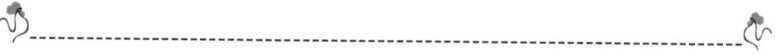

Wenn du alle diese Punkte unberücksichtigt lässt und ein Angebot trotzdem versendest, dann wette ich, dass du bei 10 Angeboten maximal zwei Aufträge realisieren wirst.

Geheimnis #5:
Setz dir immer einen exakten Termin für das nächste Gespräch mit deinem Interessenten. Das heißt dann DNS: Der Nächste Schritt. Du wirst überrascht sein, wie viele Verkäufer das nicht tun. Tatsache ist, dass 80 Prozent der Verkäufer immer wieder versuchen, ihre Gesprächspartner zu erreichen. Und damit niemals einen Abschluss machen werden.

Ein Termin mit Ihrem Interessenten gibt dir maximale Informationen. Sind sie nicht bereit, dir diese Informationen zu geben, dann kannst du dir schon ein Bild von Ihnen machen und sie entsprechend einordnen. Also: wenn dein Interessent nicht zum Gespräch erscheint, was sagt das über ihn aus? Und andererseits, wenn dein Gesprächspartner schon auf deinen Anruf wartet – was sagt das aus?

Setz immer klare Terminvorgaben und beobachte, wie deine Abschlussquote kontinuierlich nach oben geht.

Kapitel #15: Was lief bei dieser Akquisition verkehrt?

Mein Telefon klingelt. Die Anruferin nannte ihren Namen, den ich nicht verstand. Sie sagte den Namen des Unternehmens, den ich nicht verstand. Ohne Luft zu holen erklärte sie mir, dass ihre Assistentin auf meiner Internetseite war und ich mich mit dem Thema „Verkaufstrainings" beschäftige. *„Wir suchen einen Verkaufstrainer, der über das Radio ein Training anbietet. Dazu brauchen wir jemanden, der täglich eine Stunde werktags über 13 Wochen die Sendung moderiert. Übernehmen Sie das?"*

All das passierte in 45 Sekunden. Wow, die muss auf einem exzellenten Training gewesen sein!

Kannst du dir meine Antwort vorstellen?

Nehmen wir an, diese Dame am Telefon wird dich fragen, wie sie ihre Gespräche noch effizienter führen wird – was sagst du ihr?

Was hat sie richtig gemacht? Was hat sie falsch gemacht? Wird sie mit einem anderen Telefonleitfaden bessere Ergebnisse erzielen?

Alles in dem Gespräch war auch nicht schlecht. Sie hat nur verschiedene Fehler gemacht.

Sie hat mich per Kaltakquisition angerufen. Das ist die gute Nachricht. Schon deswegen habe ich Respekt vor ihr. SIE hat die Initiative ergriffen.

Sie hat die erforderlichen Basisarbeiten durchgeführt, meine Internetseite gefunden und sie hat sich informiert über meine Aktivitäten.

Sie hörte sich begeistert am Telefon an.

Wenn sie mich gefragt hätte, was sie ändern soll, sind es die folgenden Punkte (okay, sie hat mich nicht gefragt):

Kommen Name und Unternehmensname nicht klar und deutlich beim Gesprächspartner an, dann gibt es keinen Beziehungsaufbau und es ist leichter zu sagen *„Kein Interesse"* und es wird aufgelegt.

Da sie ihren Namen nicht klar und deutlich gesagt hat, hat sie mich in eine peinliche Situation gebracht, da viele Menschen nicht den Mut haben, die Frage zu stellen: *„Wiederholen Sie bitte Ihren Namen."* Klar, wenn sie mir vorab eine Mail geschickt hätte, dann hätte ich das mit ihrem Namen nachvollziehen können.

Wenn sie weiß, dass manche Menschen Probleme mit dem Namen haben, dann ist es doch sinnvoll, eine Brücke zu bauen. Ich sage am Telefon: *„Hahn, wie der Gockel"* das führt zu einem entspannten Lachen und öffnet das Gespräch.

Auch den Namen des Unternehmens hatte ich nicht verstanden. In der Situation war ich ein wenig durcheinander, da ich weder ihren Namen noch den Namen des Unternehmens verstanden hatte. Wollte sie da möglicherweise etwas verbergen? Das Ergebnis war, dass sie meine Aufmerksamkeit nicht gewinnen konnte. Ich habe mehr darüber nachgedacht, wer sie wohl ist und was der konkrete Anlass für das Telefonat war. Ich war einfach nicht interessiert, ich war vorsichtig.

Sie fragte mich, ob ich Gastgeber eine Radio-Talkshow sein will. Warum in der Welt fragt sie mich das plötzlich? Sie hätte mich doch wirklich zuerst fragen können: *„Waren Sie schon mal Gast in einer Radio-Talkshow?"* oder *„Wie gerne interviewen sie Gäste in einer Radio-Talkshow?"* oder *„Schaffen Sie es, in einer Talkshow zusammenhängende Sätze zu sagen?"* Sie hat mir einfach keine qualifizierende Frage gestellt.

Sie hat mich gefragt, ob ich Interesse habe: „*Dazu brauchen wir jemanden, der täglich eine Stunde werktags über 13 Wochen die Sendung moderiert.*" Das sind in Summe 65 Stunden – die Entscheidung darüber soll ich in 45 Sekunden treffen und das bei einer Kaltakquise! Und in den 65 Stunden ist keine Vorbereitungszeit enthalten, die ja sicher auch noch mal gerne 65 Stunden umfassen wird. Sie will eine Entscheidung – sie wird sie bekommen, aber nicht in ihrem Sinn.

Jetzt stellte ich ihr meine Frage: „*Was zahlen Sie mir dafür?*" Und jetzt kam der absolute Hammer. Es gibt kein Geld dafür. Ich sollte für den Auftritt insgesamt 5.100 Euro zahlen!!! Als Gastgeber meiner eigenen Talkshow. Dazu durfte ich selber die Gäste einladen und die Show noch selber produzieren. Wie sollte ich es schaffen, als erfolgreicher Radio-Moderator aufzutreten? Wie lange brauche ich dazu, um das alles zu lernen? Monate oder Jahre? Brauche ich dazu ein spezielles Training? Bestimmt!

Erst jetzt hatte ich verstanden, was sie mir verkaufte. Es ging nicht um den erfolgreichen Gastgeber einer Radio-Talkshow. Sie war im Besitz einer Lizenz über ein Paket von € 5.100 und ihr war es egal, ob das ein Erfolg wird oder ein „*Schuss in den Ofen.*"

Fazit: Du ahnst es sicher schon, ich hatte ein wirklich schlechtes Gefühl dabei. Ich weiß, dass die Internetseite des Unternehmens seit vielen Jahren existiert, das Unternehmen sehr bekannt ist und auch angesehen ist. Aber das war ja der Oberbetrüger und Abzocker Bernie Madoff (er braucht nur noch 150 Jahre im Knast absitzen) auch. Der Anruf war nach 45 Sekunden vorbei, Ende aus – Schluss! Vielleicht funktionier ja diese Technik bei den Menschen, die ein besonderes Ego haben und jede Chance ergreifen. Wer weiß das schon.

Mein Tipp: Sag klar und deutlich, wer du bist und von welchem Unternehmen du anrufst. Was bringt mir das als Kunde, was kostet das und frag niemals – niemals – niemals nach einem Auftrag über € 5.100/13 Wochen bei einem Kaltanruf. Da gehen viel zu viele rote Flaggen hoch, es bleiben Verdächtigungen und das Vertrauen bleibt sofort auf der Strecke.

Aber das ist meine Meinung. Welche Meinung hast du?

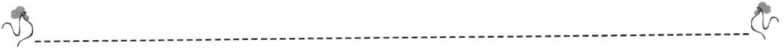

Kapitel #16: Telefon-Booster 51 - noch bessere Ergebnisse in der Telefonakquise

Wenn Smartakquise bzw. Kaltakquise zu deinen Aufgaben gehört, dann habe ich hier ein Verfahren, mit dem du ganz schnell bessere Ergebnisse erzielen wirst.
Ich nenne es TELEFON-BOOSTER 51.

TELEFON-BOOSTER 51: dieses Verfahren ermöglicht es dir, mehrere Akquisegespräche am Telefon hintereinander zu führen und du erzielst dann erheblich bessere Ergebnisse als das bisher der Fall war.

TELEFON-BOOSTER 51: bringt mehr Konzentration und Produktivität. Dabei vermeidest du die Ablenkungen während deiner Akquisitionszeit. Denn am Ende des Tages zählen nur deine Ergebnisse.

Das Problem:
Hier kommt das erste Problem. Es hängt damit zusammen, dass der überwiegende Teil der Verkäufer (sowohl im Innen- als auch im Außendienst) ungerne Kaltakquise macht. Deswegen unternehmen sie ja auch alles, nur um ja nicht den Hörer in die Hand zu nehmen und zu akquirieren. Sie erfinden tausende von Aktivtäten, die gerade in diesem Moment dringend zu erledigen sind. Und dabei bleibt die Produktivität auf der Strecke.

Du weißt genau, worüber ich rede, oder? Du machst einen Kaltanruf und anschließend vertrödelst du die Zeit mit umfangreichen Eingaben in das CRM-System. Du musst ja schließlich begründen, warum der Interessent „Nein" gesagt hat.

Und weil du schon mal dabei bist, liest du noch die letzten Mails und erledigst andere Aktivitäten und holst dir einen Kaffee – verbunden mit einem Schwätzchen an der Kaffeebar über die Kaltakquise. Und das Ergebnis? 11,5 Minuten verplemperte Zeit. Oder wie sieht das aus?

Du sprichst mit einem Interessenten und der will mehr Informationen von dir. Du beendest das Telefonat und sofort fängst du an, eine langatmige E-Mail zu schreiben und hängst noch fünf weitere PDF-Dateien hintendran. Manchmal druckst du die Informationen alle aus, tütest sie ein und bringst den dicken Briefumschlag zur Poststelle. Hey, das sind ja schon wieder 7,5 Minuten verplemperte Zeit.

Wie schnell summieren sich diese Aktivitäten zu einer ganzen Stunde? Und wo bleibt deine geplante Akquisition? Du hast ja telefoniert, Daten verschickt und deine Akquise-Zeit ist jetzt um. Du hast sogar ein gutes Gefühl dabei, weil du aktiv gewesen bist. Dabei hast du nur fünf Anrufe getätigt, mit zwei Entscheidern gesprochen und du hast dich dabei selber so eingelullt, dass du angeblich aktiv gewesen bist.

Klingt, als wenn ich deine Aktivitäten beschreibe, oder? Fühlst du dich schuldig im Sinne der Anklage?

Die Kosten

Wenn du dich hierbei angesprochen fühlst, lass den Kopf nicht hängen. Du bist nicht allein auf der Welt. Diese Vorgehensweise ist doch menschlich und Kaltakquise ist nun mal ganz schön anstrengend. Für dich ist es wichtig, dass du verstehst, was deine Aktivitäten alles kosten. Je weniger produktiv du bist, umso mehr verlierst du Aufträge, Umsatz, Profit und Provisionen – und im äußersten Fall verlierst du deinen Job. Was ist zu tun?

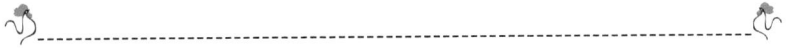

Jetzt kommt Telefon-Booster 51! Was bedeutet das für dich? Ganz einfach: du telefonierst aktiv 51 Minuten und die weiteren 9 Minuten erledigst du den Papierkram. Warum 51 Minuten? Weil der überwiegende Teil deiner Arbeit darin besteht, aktiv zu telefonieren (das ist Nummer 1!!!). Und jetzt bleibt dir noch Zeit übrig, die weniger wichtigen Punkte zu erledigen.

Hier kommen die Details:
Zuerst unterteile deine Zeit in Stundenblocks. Wie viele Stunden du einplanst für deine Akquisition - das überlasse ich dir. Egal welcher Fall eintritt, eine Stunde ist immer eine überschaubare Zeit. Du wirst in dieser Zeit effektiv und effizient sein und wirst nach dieser einen Stunde sicher nicht ausgebrannt sein.

Sobald dein Startzeitpunkt gekommen ist, nimmst du den Hörer in die Hand und telefonierst. Wenn du keine Antwort bekommst und keine Nachricht hinterlässt, brauchst du auch keine Eintragung in die Datei machen oder eine E-Mail senden. Geh einfach weiter zum nächsten Interessenten. Du wirst bei jeder dieser Aktion eine Minute einsparen, wenn du so vorgehst.

Triffst du bei deiner Akquise auf einen Interessenten, der weitere Information (Flyer, Prospekt, Broschüre, Preisliste etc.) will, mach dir eine kurze Notiz auf einer gelben Post-it-Notes. Gelb deswegen, weil diese Farbe dir ins Auge sticht und dich an eine weitere Aktivität erinnert. Vermerk auf der Post-it-Notes den Interessentennamen oder die Interessentennummer mit einem Kurzvermerk und geh dann weiter zum nächsten Anruf. Wenn du dieser Empfehlung wieder folgst, wirst du wieder 3,4 oder 5 Minuten an Zeit einsparen bei jedem Anruf.

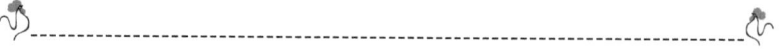

Und das machst du 51 Minuten lang. Dann beendest du deine Telefonate und arbeitest die gelben Post-it-Notes ab. Am Anfang wirst du sicher mehr als 9 Minuten benötigen, um die administrativen Arbeiten in dieser Zeit zu erledigen. Das ist völlig okay. Das Wichtigste hast du auf jeden Fall erledigt und mit der Erledigung des Papierkrams hast du dir eine mentale Auszeit verdient, gerne auch mit einem Kaffee/Tee oder einem anderen alkoholfreien Getränk.

Was das für dich bedeutet:

Hier kommen die harten Fakten für dich. Zuerst wirst du mit Telefon-Booster 51 fünf bis zehn Anrufe mehr in der gleichen Zeit erledigen. Machst du deine Telefonakquise am Vor- und am Nachmittag, dann schaffst du sogar 10 bis 20 Anrufe mehr am Tag. Multiplizier das einfach mit 5 Tagen in der Woche und du erkennst, zu welchen besonderen Leistungen du fähig bist. Damit steigerst du massiv deine Produktivität, du steigerst die Anzahl deiner Gespräche, deiner Kontakte und schaffst mehr Termine und Aufträge.

Das bringt dir viel positive Energie. Ich habe es TELEFON-BOOSTER 51 getauft, da es ein Sprinter über einen begrenzten Zeitraum ist: kurz und prägnant. Oder wie die Amis immer gerne sagen KISS: *Keep it short and simple.*

TELEFON-BOOSTER 51 ist aktivierend, belebend und motiviert dich selber immer wieder. Es ist deine zukünftige positive Vorgehensweise, die dich von der anspruchsvollen Kost der Kaltakquise ablenkt und dir endlich wieder mehr Spaß an der Akquise bringt.

Kapitel #17: Wie überwindest du deine Angst in der Kaltakquise?

So überwindest du deine Angst und deine Blockaden in der Kaltakquisition: Zehn Tipps vom Profi.

#1: Fang einfach an zu telefonieren.
Es gibt nur wenige Dinge auf der Welt, die erschreckender sind als das Unbekannte. Die Angst, die du dir selbst einredest, ist weniger wichtig als deine Kaltakquisition. Startest du mit dem telefonieren, dann wirst du es von Telefonat zu Telefonat einfacher haben. Durch dein aktives TUN blendest du die Angst immer mehr aus.

#2: Mach viele Telefonate.
Wenn du nur einen Interessenten hast, um einen Termin mit ihm zu vereinbaren, dann wird dieser besonders wichtig für dich sein. Wenn du aber hunderte von Interessenten hast, kann dir keiner was anhaben. Je mehr Gespräche du führst, umso sicherer und somit erfolgreicher wirst du sein.

#3: Vorbereitung.
Bereite dich auf die Kaltakquisition genau so vor, als wenn du eine wichtige Präsentation durchführen musst. Du musst exakt wissen, was du am Telefon sagen willst, wie du es sagen willst, wie du dich vorstellen willst, wie du dein Unternehmen und deine Produkte und Dienstleistungen präsentieren willst. Und du musst das Ziel deines Telefonates genau wissen.

#4: Üben. Üben. Üben.
Wenn du neu in der Kaltakquise bist oder dich dabei unwohl fühlst, dann sprichst du deine Texte laut vor dich hin.

Du kannst auch ein Rollenspiel mit deinen Kollegen machen. Übe verschiedene Ansätze mit unterschiedlichen Einwänden. Du brauchst dir also keine Gedanken darüber machen, was du sagen willst, sondern du bist bestens vorbereitet und konzentrierst dich auf das kommende Telefonat.

#5: Starte mit weniger wichtigen Interessenten.
Es ist für dich praktischer und du hast weniger Stress. Sobald du dich sicherer fühlst, rufst du wichtige Interessenten an.

#6: Bleib entspannt.
Du wirst die meiste Zeit mit Personen sprechen, die deinen Anruf schätzen. Ist ein Gesprächspartner unverschämt zu dir, nimm es nicht persönlich. Möglicherweise hat er einen schlechten Tag (vielleicht fehlt ihm der Umsatz, weil seine Verkäufer zu wenig Kaltakquise machen). Mach einfach weiter.

#7: Deine Prioritäten und die deiner Interessenten sind unterschiedlich.
Du willst ein schnelles „Ja" am Telefon – deine Interessenten wollen den Bericht fertig schreiben, ihre Konversation mit einem Mitarbeiter beenden, beruhigt in den Urlaub fahren.... Sei vorsichtig damit, bestimmte Informationen aus den ersten Worten zu lesen. Sagt zum Beispiel die Sekretärin, dass der Entscheider „am telefonieren ist", „in einem Meeting ist" oder „bei einem Kunden ist" heißt das für dich übersetzt nicht: „Mein Interessent wird später meinen Anruf erwarten."

#8: Akzeptier die Dinge, die außerhalb deiner Kontrolle liegen.
Wenn ein Interessent dir ein ultimatives „Nein" sagt, dann liegt das außerhalb deiner Kontrolle. Aber es liegt an dir, dass du weitere Gespräche führst.

Es liegt auch an dir, dass du dein Wissen permanent erweiterst, an Trainings teilnimmst, Fachbücher liest (z.B. Werners weiße Verkäuferkladde: „Kaltakquisition – So bekommst du fast jeden Termin") oder dir einen Coach besorgst, sobald du öfter das „Nein" hörst.

#9: Mach ein Spiel daraus.
Konzentrier dich auf den Widerstand. Setzt dir als Ziel 100 Punkte. Jedes „Nein" bringt dir einen Punkt, jedes „Ja" zwei Punkte. Je mehr Punkte du hast, umso mehr Erfolg hast du. Hast du 100 Punkte erreicht, dann hast du gewonnen. Belohne dich dafür.

#10: Hab Spaß bei der Arbeit.
Es geht hier nicht um Leben oder Tod. Es geht nur um die Akquisition am Telefon: neue Kunden am Telefon zu qualifizieren, Termine zu vereinbaren oder Produkte zu verkaufen. Das Schicksal dieser Welt ruht nicht auf deinen Schultern. Du wirst dein Unternehmen schon nicht in den Ruin treiben, sobald ein Interessent „Nein" zu dir sagt.
Entspann dich, sei kreativ und hab Spaß dabei!

Kapitel #18: Zielorientierte positive Sprache

18.1	Achte auf deine Sprache
01	Stell dir das Verkaufen vor ohne eine Sprache. Vielleicht kannst du das, ich kann es nicht. Worte sind wichtig für die Sprache. Einen Verkaufsabschluss herbeiführen ohne Worte – unmöglich! Viele Verkäufer hören sich stereotyp in Ihren Aussagen an. Viele Verkäufer improvisieren ja nur am Telefon (sie benutzen immer noch keinen Telefonleitfaden) und deswegen hören sie sich so an, wie viele andere Verkäufer ebenfalls. Und sie leben mit der Ablehnung. Du hast nur zwei Möglichkeiten: entweder du lässt alles so wie es ist oder du beginnst langsam damit, dich auf deine Gespräche intensiv vorzubereiten. Hier gebe ich dir einige meiner Favoriten und glaub mir, sie funktionieren einwandfrei: Sobald du die Palastwache am Apparat hast, solltest du dein Lächeln aufsetzen, entspannt sitzen und sagen: „*Ich brauche Ihre Hilfe*" oder „*Ich brauche Ihre Unterstützung*" oder „*Bevor Sie durchstellen, sagen Sie mir doch bitte, wie heißt der Leiter der...?*"

18.1	**Achte auf deine Sprache**
01	In der Gesprächseröffnung mit dem Entscheider: „*Bevor ich etwas zu Ihrem Nutzen sage, habe ich zwei Fragen an Sie – ist das okay für Sie?*" Eine unmögliche Frage ist zum Beispiel: „*Wie messen Sie den Erfolg mit Ihren derzeitigen Produkten?*" Eine gute Aussage ist wiederum: „*Wie Sie gerade erwähnten...*" oder „*Sie sprachen gerade davon, dass...*" Eine Kundenanfrage ist wie folgt zu beantworten: „*Sie erhalten von mir einige weitere Informationen zugesandt. Ich rufe Sie dann am Donnerstag, den 5. gegen 11 Uhr wieder an und wir besprechen die weitere Vorgehensweise – ist das okay für Sie?*" Füge noch eine handgeschriebene Information bei und deine Visitenkarte. Sobald du gefragt wirst: „*Was kostet das denn?*" antworte immer mit „*Das kommt drauf an.*" Sie werden sagen: „*Auf was?*" und du antwortest: „*Das kommt drauf an, wie viel Sie bestellen, welche Garantie Sie wünschen, welche Zahlungsmodalitäten, welche Optionen und welche Sonderausstattungen Sie benötigen.*"

18.1 Achte auf deine Sprache

01 Wenn du eine Stufe des Verkaufsprozesses abgeschlossen hast, dann frag deinen Gesprächspartner: *„Welche weiteren Fragen haben Sie jetzt noch zu diesem Punkt oder gehen wir jetzt gemeinsam den nächsten Schritt an?"*

Sitzt du mit einem Zauderer zusammen, dann frag ihn: *„Was muss jetzt noch geschehen, damit Sie mir den Auftrag mitgeben?"*

Bevor du meine Empfehlungen umsetzt, nimm dir die Zeit und üb diese Sätze. Du wirst dich wundern, wie erfolgversprechend diese Aussagen sein werden.

Wenn du professionell vorbereitet bist, vermeidest du auch die „Ahs" und „Hms" die immer dann auftauchen, wenn du nicht weißt, was du sagen willst. Sie sind reine Lückenfüller und das macht deinen Gesprächspartner skeptisch.

Deine professionelle Vorbereitung übertrumpft immer deine Improvisation.

Verwendest du die richtigen Wörter in deinem Verkaufsgespräch, hörst du dich einfach professioneller an. Erinnere dich daran: du siehst wie ein Topp-20%-Verkäufer aus und ab sofort hörst dich auch so an.

18.2	**Bildhafte Sprache im Verkauf**
01	Wissenschaftler haben herausgefunden, dann eine bildhafte Sprache 80 Prozent unseres Nervensystems aktiviert, während bei analytischer, abstrakter Sprache nur 7 Prozent des Nervensystems erreicht werden. Eine bildhafte Sprache führt in deinen Kundengesprächen zu besonderen „Aha-Erlebnissen" in emotionalen und nicht bewussten Bereichen. Sie hat deshalb eine tief gehende Wirkung und einen hohen Erinnerungswert. Wie kannst du diese Sprache für dich gewinnbringend einsetzen? Setz vermehrt Analogien, Vergleiche, Metaphern und Gleichnisse in deinen Kundengesprächen und Präsentationen ein. Alle Weisheitsbücher der Menschheit transportieren ihre Aussagen in erster Linie über Gleichnisse. Hier kommen einige Beispiele. Analogien(Ähnlichkeit, Übereinstimmung, Gleichartigkeit): • *„Der Mercedes unter den Obstmessern."* • *„Der Rolls Royce unter den Küchenherstellern."* Vergleiche: • *„Die Festplatte ist so groß wie eine Zigarettenpackung."* • *„Die Hose fühlt sich an wie feinstes Kaschmir."* • *„Der PC ist so schnell wie ein Formel 1-Renner."*

18.2 Bildhafte Sprache im Verkauf

01 Metaphern(bildhafte Vergleiche):
- „In Informationen ertrinken."
- „Nach Wissen hungern."
- „Jemanden in den Himmel loben."
- „Vom Hundertsten ins Tausendste kommen."
- „Jemanden nicht das Wasser reichen können."
- „Der Apfel fällt nicht weit vom Stamm."
- „Eine Blechschlange bewegt sich durch die Straße."
- „Auf den Hund gekommen."
- „Eine Mauer des Schweigens errichten."
- „Ein Kinderdessert - so wertvoll wie ein kleines Steak."
- „Das Waschmittel macht den Pullover schäfchenweich."

Mit Metaphern werden selbst komplexe Themen leicht verstanden und verankert. Nutz diesen Effekt auch in Präsentationen. Als Segler bringe ich immer gerne eine Metapher aus der Segelwelt: die Crew, der Steuermann, der Kapitän. Sie müssen Segel setzen, um weiter zu kommen etc.

Gleichnisse:
- „Eher geht ein Kamel durch ein Nadelöhr, als das ein Reicher in den Himmel kommt."
- Bahngleichnis: „Nicht selten ermöglichen Verspätungen Begegnungen, die nach Fahrplan nie möglich gewesen wären."

18.2	Bildhafte Sprache im Verkauf
01	• „Es ist wie ein Senfkorn: wenn das gesät wird aufs Land, so ist's das kleinste unter allen Samenkörnern auf Erden; und wenn es gesät ist, so geht es auf und wird größer als alle Kräuter und treibt große Zweige, sodass die Vögel unter dem Himmel unter seinem Schatten wohnen können." • „So werden die Letzten die Ersten und die Ersten die Letzten sein." • „So, sage ich euch, wird Freude sein vor den Engeln Gottes über einen Sünder, der Buße tut."

18.3	Die Bedeutung der Worte im Preisgespräch
01	Bei welcher Wortwahl erreichst du einen höheren Preis? Kunde: „Aus welchem Material ist das?" Verkäufer #1: „Das ist Plastik." Verkäufer #2: „Das ist Kunststoff." Verkäufer #3: „Das ist hochwertiger Kunststoff." Verkäufer #4: „Das ist hochwertiger Kunststoff entwickelt aus der Raumfahrt-Technologie."

18.3	Die Bedeutung der Worte im Preisgespräch
02	Verkaufstrainer: „Ich biete Verkaufstrainings an." Verkaufstrainer: „Mit meinen Verkaufstrainings erreichen die Verkäufer mehr Termine und mehr Aufträge. Wie interessant ist das für Sie?"
03	Interessent: „Wer macht die Bestandsaufnahmen?" Verkäufer #1: „Da kommt ein Monteur." Verkäufer #2: „Da kommt ein Techniker." Verkäufer #3: „Da kommt ein Service-Techniker." Verkäufer #4: „Da kommt ein zertifizierter Service-Techniker."

Wer im Verkaufsgespräch Sicherheit und Kompetenz ausstrahlen will, drückt sich eindeutig und klar aus. Kunden und Interessenten hassen butterweiche Aussagen.

18.4	Negative und positive Sprache im Verkauf
01	**Formulier doch konkret:** Wer sicher in der Sprache wirken will, formuliert konkret und verzichtet auf die vielen Weichmacher (Konjunktive). Der Konjunktiv ist der Höflichkeitsstil der 80er-Jahre und mittlerweile völlig veraltet. *Falsch: „Diese Technik hätte den Vorteil, dass..."* *Richtig: „Diese Technik hat den Vorteil, dass..."* *Falsch: „Dadurch würden Sie erreichen..."* *Richtig: Dadurch erreichen Sie..."* *Falsch: „Ich glaube, man könnte..."* *Richtig: „Ich bin sicher, Sie können..."* *Falsch: „Ich würde folgendes vorschlagen..."* *Richtig: „Ich schlage folgendes vor..."*

18.4 Negative und positive Sprache im Verkauf

02 **Formulier doch positiv:**

Jeder von uns kennt doch den psychologischen Unterschied zwischen einem halbvollen und halbleeren Glas Wasser. Das halbleere Glas suggeriert Mangel und wirkt daher negativ; halbvoll betont das Positive, das Guthaben. Worte wecken also Gefühle und beeinflussen das Gesprächsklima. Maluma oder Takete? In vielen Fällen lässt sich negativ Besetztes auch positiv ausdrücken.

Hier kommen einige Beispiele:

Negativ: „Das weiß ich nicht."
Positiv: „Da halte ich Rücksprache mit unserem Spezialisten und rufe Sie wieder an."

Negativ: „Da müssen Sie warten."
Positiv: „Bitte gedulden Sie sich einen Moment."

Negativ: Dafür bin ich nicht zuständig."
Positiv: „Zuständig ist …"

Negativ: „Heute geht nichts mehr."
Positiv: „Bis morgen Abend haben Sie es vorliegen."

Negativ: „Da haben Sie mich falsch verstanden."
Positiv: „Da habe ich mich falsch ausgedrückt."

Negativ: „Das können Sie so nicht machen."
Positiv: „Einer meiner Kunden hat das wie folgt gelöst…"

18.5	**Formulierungen aus der Sicht des Kunden: SIE-Ansprache**
01	Vermeiden Sie „Ichbezogenheit", indem du dich zurücknimmst und kundenorientiert berätst. Einige Beispiele: *Schlecht:* „Ich zeige Ihnen mal..." *Besser:* „Sie sehen hier..." *Schlecht:* „Ich meine..." *Besser:* „Meinen Sie nicht auch..." *Schlecht:* „Ich finde..." *Besser:* „Wie finden Sie..." *Schlecht:* „Ich halte es für besser..." *Besser:* „Für Sie ist es besser..." *Schlecht:* „Ich gebe Ihnen..." *Besser:* „Sie erhalten..." *Schlecht:* „Ich gewähre Ihnen..." *Besser:* „Sie bekommen..."

18.6 Formulier in der Gegenwart, im JETZT

01 Wenn du in der Gegenwartsform redest, wirkst du augenblicklich noch verbindlicher.

Einige Beispiele:

Falsch: „Herr... wird sich melden."
Richtig: „Herr... ruft Sie morgen gegen 10 Uhr an."

Falsch: „Die Lieferzeit wird in Zukunft besser."
Richtig: „Die Lieferzeit ist in Zukunft besser."

Falsch: „Wir werden das prüfen."
Richtig: „Wir prüfen das."

Falsch: „Wir werden Sie noch darüber informieren."
Richtig: „Wir informieren Sie rechtzeitig."

18.7	Zehn bla-bla-Redewendungen und wie du es ab sofort richtig machst
01	**Versuchen** Gestern: *„Ich werde versuchen, das Problem zu lösen."* Heute: *„Ich werde eine Lösung dafür finden."* *„Versuchen"* leitet sich ab von dem Wort *„suchen"*. Stell dich um auf das Wort *„finden"*. Damit lenkst du deinen Blick auf die Lösungen.
02	**Feststellen** Gestern: *„Ich habe festgestellt, dass Frau Meier mit der Aufgabe völlig überfordert ist."* Heute: *„Ich habe erkannt, dass Frau Meier mit der Aufgabe überfordert ist."* *„Feststellen"* macht etwas ganz fest und starr. Wer gewohnheitsmäßig *„feststellen"* sagt, der fährt gleichsam mit angezogener Handbremse durchs Leben. *„Erkennen"* mach vieles klar und leicht.

18.7	Zehn bla-bla-Redewendungen und wie du es ab sofort richtig machst
03	**Müssen** Gestern: *„Diese Anfrage müssen wir noch in dieser Woche beantworten."* Heute: *„Diese Anfrage werden wir noch in dieser Woche beantworten."* „Müssen" macht immer Druck. Setze besser die Zukunft (Futur) ein. So bist du klar in deiner Planung und wirkst souverän.
04	**Die Zeit rennt davon** Gestern: *„Uns rennt die Zeit davon. Wie schnell können Sie das erledigen?"* Heute: *„Wir haben noch drei Tage. Reicht Ihnen die Zeit?"* Entschleunige deine Arbeit auf der Sprachebene. So bleibst du klar und wirst effektiv arbeiten.
05	**Prio 1:** Gestern: *„Diese Aufgabe hat Prio 1!"* Heute: *„Diese Aufgabe hat Vorrang vor allen Aufgaben."* *„Vorrang"* kommt von Rang. Wenn der Rang klar ist, dann braucht es keine Rangeleien, die den Rang erklären.

18.7	Zehn bla-bla-Redewendungen und wie du es ab sofort richtig machst
06	**Nicht schlecht** Gestern: *„Das Projekt läuft nicht schlecht."* Heute: *„Das Projekt läuft gut."* *„Nicht schlecht"* klingt wie *„schlecht"*. Erlaube dir und deinem Gesprächspartner die volle Anerkennung.
07	**Ein Ziel verfolgen** Gestern: *„Welches Ziel verfolgen Sie?"* Heute: *„Welches Ziel haben Sie im Blick?"* *„Verfolgen"* hat etwas Verfolgendes und bedrängt. Wer sein Ziel erkennt und es im Blick behält, der kann Schritt für Schritt drauf zugehen.
08	**Durch den Kopf gehen lassen** Gestern: *„Lassen Sie sich diese Idee in den nächsten Tagen durch den Kopf gehen."* Heute: *„Lassen Sie diese Idee bitte in den nächsten Tagen auf sich wirken."* Zu viel *„Kopf"* macht uns Menschen kopflastig. Beim Bild des Wirken-Lassens wirkt die Idee von allein. Etwas, das wirkt, hat auch eine Wirkung.

18.7	**Zehn bla-bla-Redewendungen und wie du es ab sofort richtig machst**
09	**In den sauren Apfel beißen** Gestern: *„Da müssen wir wohl in den sauren Apfel beißen!"* Heute: *„Wir haben einen Fehler gemacht. Jetzt machen wir das Beste daraus."* Bilder haben eine große Wirkung. Ein saurer Apfel lässt schon in der Vorstellung ein unangenehmes Gefühl aufkommen. Sag doch ehrlich, um was es konkret geht und zeig einen Lösungsweg auf.
10	**Brainstorming:** Gestern: *„Beim nächsten Meeting werden wir ein Brainstorming machen."* Heute: *„Bei der nächsten Besprechung werden wir neue Ideen und Lösungen sammeln."* Ein Zuviel an Fremdwörtern ist befremdlich. Nutz doch die Kraft der deutschen Sprache.

Kapitel #19: Bedarfsanalyse

Fragen sind das universelle Werkzeug für einen Verkäufer.

Fragen solltest du in allen Phasen des Verkaufsgespräches stellen, um weiter das Heft des Handelns in der Hand zu haben.

Fragenhaben eine wunderbare Eigenschaft: Der Gefragte antwortet (steht unter Denklast)!

Und zwar kann er nur in einer Richtung antworten, die du vorher bestimmt hast. Psychologischer Effekt: Behauptungen reizen zum Widerspruch. Geschickter: zu fragen!

Ein Beispiel dazu:
Wenn du behauptest: *„Unser Produkt bietet Ihnen in Sachen Qualität den Vorteil, dass..."*, kann Ihnen der Kunde das abnehmen oder auch nicht.

Wenn du dagegen fragst:
„Welche Qualitätsstandards erwarten Sie von einem Produkt, dass Sie hier in Ihrem Unternehmen einsetzen?" Dein Kunde antwortet:

„Ich erwarte xyz...",
erfährst du einerseits seine Ansprüche und seinen Bedarf und andererseits hast du gleich einen Anknüpfungspunkt, um die Qualitätsstandards deines Produktes ins Spiel zu bringen.

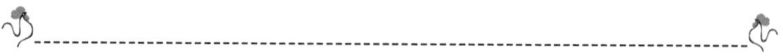

Offene Fragen

Offene Fragen bringen dir viele Informationen über die Wünsche, Bedürfnisse, Ziele und Träume deines Gesprächspartners. Da die Fragewörter meistens mit „W" beginnen, werden diese Fragen auch als W-Fragen bezeichnet.

Typische offene Fragen sind:
- *„Welche Erfahrungen haben Sie bisher damit gemacht?"*
- *„Welche Unterstützung erwarten Sie von mir in dem Projekt?"*
- *„Was zeichnet Ihren derzeitigen Lieferanten aus?"*
- *„Welche Erwartungen haben Sie an uns?"*
- *„Wie stellen Sie sicher, dass immer der neueste Tarif bei Ihnen eingestellt ist?"*
- *„Wie reinigen Sie die Maschinenteile?"*
- *„Welche Gedanken haben Sie sich bereits darüber gemacht?"*
- *„Welche Produkte setzen Sie bereits heute ein?"*
- *„Welche Erfahrungen haben Sie damit gemacht?"*
- *„Welche Gründe sprechen für Ihren derzeitigen Lieferanten?"*
- *„Wie werden Sie die Unternehmensziele für dieses Quartal umsetzen?"*

Die W-Fragen *Wieso, Weshalb* und *Warum* solltest du im Verkaufsgespräch meiden. Bei der Frage: *„Warum arbeiten Sie mit xyz zusammen?"* entsteht bei deinem Gesprächspartner ein Rechtfertigungsdruck und in dem Fall wirst du selten die Wahrheit hören. Du kennst das von den Fragen:

- *„Warum hast du dein Zimmer noch nicht aufgeräumt?"*
- *„Warum machst du so wenige Aufträge?"*
- *„Warum kommst du erst jetzt nach Hause?"*

Geschlossene Fragen

Wie der Name bereits sagt, eröffnet diese Art des Fragestellens keine Unterhaltung. Erwünscht wird ein einfaches „Ja" oder „Nein".

- „Sind Sie verantwortlich, wenn es um IT-Sicherheit geht?"
- „Sind Sie an neuen Lösungen interessiert?"
- „Haben Sie Ärger mit den Mitarbeitern?"
- „Wollen Sie mit der Bestellung noch warten?"
- „Sind Sie mit der Vorgehensweise einverstanden?"
- „Gibt es Neuigkeiten zu meinem Angebot?"

Alternativ-Fragen

Alternativfragen heißen so, weil sie dem Gesprächspartner zwei Alternativen zur Beantwortung lassen. Sie stellen eine Mischform zwischen offener und geschlossener Frage dar. Es besteht die Wahl zwischen zwei Möglichkeiten.

Die Alternativ-Frage ist stark ergebnisorientiert. Sie verlangt von unserem Gesprächspartner eine Entscheidung und auch eine Richtungs-Steuerung.

- „Gehen wir zu dir oder zu mir?"
- „Trinken wir Champagner oder lieber einen Kir Royal?"
- „Mein Terminvorschlag ist Wochentag – Datum – Uhrzeit oder geht es bei Ihnen schon in der kommenden Woche?"
- „Bestellen Sie jetzt zwei oder lieber drei Paletten?"
- „Welchen regionalen Schwerpunkt hat Ihr Geschäft: Bayern oder Rheinland-Pfalz?"

Emotionale Fragen

Bei emotionalen Fragen geht es um die Gefühle - Gefühle die zu wahrem Engagement führen und dazu führen, was es letztlich deinem Interessenten/Kunden bringt, wenn er mit dir zusammenarbeitet.

Bringst du deinen Kunden dazu, dass er sich das konkrete Ziel vorstellen kann, dann hast du gewonnen, da er sich bereits als „*Eigentümer*" sieht und er eine klare Vorstellung über den Einsatz hat. Das wird dann auch als „gekauft" bezeichnet.

Beispiel: *„Was halten Sie denn ganz persönlich davon?"*

Motivierende Fragen

Lob die Kompetenz deines Gesprächspartners und reg ihn an, mehr aus sich herauszugehen. Das klappt mit dieser Frage besonders gut:

Beispiel: *„Was sagen Sie als Experte/Fachmann/Fachfrau/Spezialist dazu?"*

Hypothetische Fragen

Hypothetische Fragen sind hilfreich für die Entwicklung neuer Ideen und neuer Perspektiven. Sie bieten dir die Möglichkeit neue Blickwinkel zu öffnen, wenn deinem Gesprächspartner zu der Gesprächsthematik nichts einfällt.

Beispiel: *„Angenommen, Sie setzen unser System ein, was sind die nächsten Schritte?"*

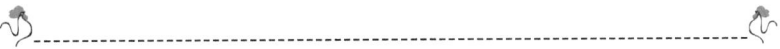

Suggestive Fragen

„Gesprächssteuernd" – um nicht zu sagen: manipulativ – wirkt die Suggestiv-Frage. Hier handelt es sich um einen Aussagesatz, der in Kombination mit einem beeinflussenden Wort zu einer schließenden Frage umformuliert wird.

Beeinflussende Worte sind z. B.: „bestimmt", „gewiss", „sicherlich", „nicht wahr", „doch auch", „etwa", „wohl" usw. Dem Ansprechpartner wird suggeriert, dass diesem oder jenem Sachverhalt zuzustimmen ist.

Ziel der Suggestiv-Frage ist, den Gesprächspartner in eine bestimmte Richtung zu lenken.

Beispiel: *„Sie legen doch sicher sehr viel Wert auf hohe Speicherkapazität?"*

Fragen sind das Herz im Verkauf.

Stellst du geschlossene Fragen, dann fängst du an zu verkaufen.

Stellst du motivierende Fragen, dann begleitest du deinen Gesprächspartner auf den Weg zum Kauf.

Die drei blödesten Fragen im Verkauf

Dritt-blödeste Frage:
„Haben Sie schon mal von uns gehört?"

Wenn du diese Frage stellst, heißt das, dass du dich versichern willst, dass der Käufer keine schlechte Erfahrung gemacht hat oder irgendetwas Schlechtes über dich weiß. Dein Ruf wird im Allgemeinen noch vor dir eintreffen. Wenn etwas in der Vergangenheit passiert ist, wird dein Interessent es herausfinden. Wenn du diese Frage stellst, bist du sowieso nicht sehr bekannt.

Zweit-blödeste Frage:
„Können Sie mir ein kleines bisschen über Ihre Firma erzählen?"

Diese Frage bedeutet, dass du zu faul oder zu dumm warst, ins Internet zu gehen und etwas herauszufinden. Stell bitte keine Fragen, deren Antwort du ganz schnell und einfach im Internet findest. Wenn du deinen Kunden zwingst, Fragen zu beantworten, die bereits bekannt sind, wird er gelangweilt und desinteressiert sein. Und es wirft ein armseliges Licht auf dich.

Und kennst du die Mutter aller dummen Fragen?
Die dümmste Frage im Verkauf (sicherlich kennst du sie, denn du stellst sie schon die ganze Zeit):

„Was muss ich tun, um den Auftrag zu erhalten?"

Frage an den Abt im Kloster: „Ist es erlaubt, während des Betens zu rauchen?"

Frank, eben neu ins Kloster eingetreten, fragt den Abt: „Ist es erlaubt, während des Betens zu rauchen?"

Der Abt, nicht wenig erstaunt über eine solche Frage, antwortet mit Bestimmtheit: „Das ist verboten!"

Später begibt sich Frank in die Klosterkapelle zum ersten gemeinsamen Gebet im Kreis der Mönche. Und traut den eigenen Augen kaum.

Da kniet ein alter Mönch, betet und raucht dazu in aller Seelenruhe seine Pfeife. Begreiflicherweise ist Frank außer sich und kann das Ende der Gebetsstunde kaum erwarten. Endlich ist es soweit und sogleich nähert sich Frank dem alten Mönch und stellt ihn zur Rede:

„Bruder! Wie kommt es, dass Du während des Betens rauchst, das hat der Abt doch ausdrücklich verboten!"
„Hast du ihn denn gefragt?" entgegnet der alte Mönch.

„Aber natürlich!"

„Seltsam", meint der alte Mönch, „auch ich habe ihn gefragt, und er hat es mir gestattet."

Voller Empörung über diese Ungerechtigkeit will Frank sogleich zum Abt eilen, aber der alte Mönch fragt dann noch etwas...

„Sage mir doch", will er wissen, „was hast Du den Abt genau gefragt?"

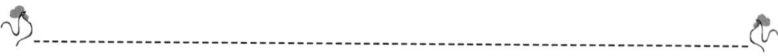

Frank antwortet: *„Ich habe gefragt, ob ich während des Betens rauchen dürfe!"*

„Siehst Du", sagt der alte Mönch zu Frank, *„und ich habe ihn gefragt, ob ich während des Rauchens beten dürfte!"*

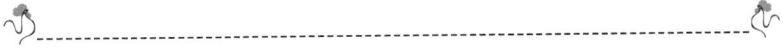

Kapitel #20: Ich schick Ihnen dann ein Angebot - mit DNS

"*Okay Herr Interessent, wenn Sie keine weiteren Fragen haben, dann mache ich das Angebot für Sie fertig*" beendet der Verkäufer sein Verkaufsgespräch.

"*Ja, das ist in meinem Sinne!*", meint der Kunde und der Verkäufer freut sich, dass alles gut gelaufen ist.

Wenige Tage nach der Zusendung des Angebotes beginnt die unendliche Geschichte der Nachfassaktionen. Diese Vorgehensweise zeigt dir, warum deine Abschussquote von Angebot zu Auftrag so niedrig ist.

Deinem Gesprächspartner hast du eine Steilvorlage geliefert – denn was soll er aus reiner Höflichkeit sonst antworten: „*Nein Danke, ich will a) kein Angebot und b) gehen Sie bitte jetzt.*" Das wird er wohl selten sagen.

- Hast du dir schon mal Gedanken darüber gemacht, wie viel Zeit du benötigst, um ein Angebot zu schreiben?

- Hast du dir schon mal Gedanken darüber gemacht, diese Zeit deinem Interessenten in Rechnung zu stellen?

- Hast du mental die Einstellung, dass du mit deinem Angebot eine werthaltige Information gratis ablieferst?

Jetzt wirst du sicher sagen: „*Hahn, was schreibst du denn da für einen Blödsinn, für ein Angebot zahlt doch kein Kunde Geld!*" Hey Fritz, ich habe Kunden, da dauert die Berechnung eines individuell anzufertigen Produktes schon mal zwei Tage und dieser Aufwand wird in Rechnung gestellt.

In Berlin gibt es einen Fotohändler, der berechnet für die Präsentation einer Kamera 40 Euro, die bei Kauf angerechnet werden. Kannst du dir vorstellen, wie viele Kundengespräche er geführt hat um am Ende zu hören: „*Okay, danke für die Präsentation, ich denke noch mal darüber nach.*" Und anschließend hat dieser Interessent die Kamera im Internet gekauft – er wurde ja erstklassig beraten.

Was passiert mit deinen Nachfass-Telefonaten? *„Wir haben uns noch nicht entschieden"* oder *„Wir brauchen noch einige Tage Bedenkzeit"* oder *„Wir haben uns für Ihren Mitbewerber entschieden"* - das sind doch die Informationen, die du von deinen Interessenten hörst.

Doch wie gehen die Topp-20%-Verkäufer in dieser Phase vor?

Der 1. Schritt aus meiner Sicht ist, dass der Kunde das Angebot aktiv einfordert. Damit signalisiert er bereits echtes Kaufinteresse.

Ein Beispiel:

Verkäufer: "*Prima, wenn es keine weiteren Fragen gibt, was benötigen Sie noch von mir für Ihre Entscheidung?*"

Kunde: "*Als nächstes brauchen wir ein Angebot mit der genauen Investitionssumme.*"

Verkäufer: "*Sehr gerne erstelle ich Ihnen ein Angebot mit der genauen Investitionssumme. Heißt das, dass alles andere für Sie, so wie heute besprochen passt und Sie sich, wenn wir die Investitionssumme mal außen vor lassen, für uns entscheiden werden?*"

Kunde: *„Ja, es sind alle Punkte soweit besprochen."*

Angebot nachfassen: Variante #1 mit DNS

Verkäufer: *„Okay, dann mache ich das Angebot am Freitag fertig und lassen Sie uns jetzt einen Termin finden, an dem ich Ihnen das Angebot präsentiere. Wie sieht es bei Ihnen am Wochentag - Datum – Uhrzeit aus?"*

Kunde: *„Passt."*

Was hast du mit dieser Vorgehensweise erreicht? Dass der Kunde den Weg mit dir gemeinsam geht, du hast mit ihm den nächsten Schritt festgelegt (DNS = Der Nächste Schritt).

Auftragswahrscheinlichkeit: 80 bis 100%

Angebot nachfassen: Variante #2 mit DNS

Kunde: *„Passt, aber schicken Sie mir vorab das Angebot per Mail zu."*

Deine Antwort (weiterhin DNS):

Verkäufer: *„Das ist auch eine Möglichkeit Herr Interessent, ich schicke Ihnen das Angebot per Mail am Freitag zu und lassen Sie uns jetzt einen Termin vereinbaren, an dem wir das Angebot besprechen. Mein Terminangebot ist Wochentag – Datum – Uhrzeit – wie sieht es da bei Ihnen aus?"*

Auftragswahrscheinlichkeit: 60 bis 80%

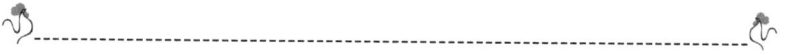

Angebot nachfassen: Variante #3 mit DNS

Kunde: *"Passt, schicken Sie uns das Angebot per Mail zu und wir melden uns."*

Oooh, da will doch dein Gesprächspartner partout nicht mit dir den Weg gemeinsam gehen.

Verkäufer: *"Herr Kunde, da höre ich raus, dass es von Ihrer Seite noch Fragen/Bedenken zu meinem Angebot gibt. Welche sind das?"*

Mit diesem Schritt heißt es ganz schnell wieder in den Verkaufsprozess zu gehen.

Denn wenn der Kunde jetzt nicht kaufen würde, warum in aller Welt sollte er dann kaufen, wenn er ein schriftliches Angebot vorliegen hat, das deine Leistungen bei weitem nicht so emotional und kundenorientiert darstellen kann, wie du das im persönlichen Kundenkontakt machst?

Setzt du diese Strategie um, wirst du möglicherweise das eine oder andere Angebot weniger im Angebotstrichter haben. Gleichzeitig verspreche ich dir, aus meiner eigenen Erfahrung und der Erfahrung vieler TrainingsteilnehmerInnen, dass sich deine Abschlussquote deutlich erhöht.

Und du gewinnst mehr Zeit, mit anderen Kunden gute Geschäfte zu machen, die mit dir den gemeinsamen Weg DNS gehen.

Das führt bei dir zu einem höheren Umsatzplus, einem fetten Bankkonto und zusätzlich zu einem ordentlichen Motivationsschub.

Kapitel #21: Perfekte Formulierungen: Palastwache

21.1	Kaltakquise am Telefon Palastwache
01	Palastwache: „Schönen guten Tag, ich bin Sonja Assistent – was kann ich für Sie tun?" „Schönen guten Tag Frau xyz, hier ist Vorname Nachname von der ABC-GmbH in x-Stadt – verbinden Sie mich bitte mit Vorname Nachname – Dankeschön!" Die Aufforderung „...verbinden Sie mich bitte..." wird auch als posthypnotischer Befehl gesehen. Es ist eine direkte Aufforderung zum Handeln. Mit dieser Formulierung überzeugen Sie die Sekretärin/Assistentin sanft, aber hartnäckig. Viel zu viele Verkäufer sind in dieser Situation zu devot und verwenden eine untertänige Sprache: „Können Sie mich verbinden?" Kennst du den Vor- und Nachnamen deines Gesprächspartners, solltest du immer sagen: „Verbinden Sie mich bitte mit Wolfgang Huber" – die Palastwache unterstellt, dass du den gewünschten Gesprächspartner bereits kennst.

21.1	**Kaltakquise am Telefon**
	Palastwache
02	Palastwache: *"Schönen guten Tag, xyz-GmbH - ich bin Sonja Assistent – was kann ich für Sie tun?"* *"Hallo Frau xyz, in meinem Kalender steht, dass ich jetzt um 10:30 Uhr einen Telefontermin mit* (Vorname Nachname Entscheider) *habe – stellen Sie doch bitte direkt durch – Danke!"* *"Einen Moment bitte, ich stelle durch."*
03	Palastwache: *"Schönen guten Tag, xyz-GmbH - ich bin Sonja Assistent – was kann ich für Sie tun?"* *"Hallo Frau Assistent, ich bin Vorname Nachname von der xyz-GmbH."* *Sprechpause* *"Mein Ziel ist es, gemeinsam mit Ihnen in den nächsten drei Minuten herauszufinden, wie wir künftig zusammenarbeiten können, um (>dein passendes Nutzenversprechen<) in die Tat umzusetzen. Dazu habe ich zwei Fragen an Sie – okay?"*

21.2	**Kaltakquise am Telefon** **Palastwache:** *„Um was geht es?"*
01	*„Schönen guten Tag Frau..., ich bin Vorname Nachname von der ABC-GmbH in Werner Hahn – verbinden Sie mich **bitte** mit Herrn/Frau... – **Danke**!"* Palastwache: *„Um was geht es?" „Geben Sie mir noch ein Stichwort." „Um was geht es ganz konkret?"* *„Ja, Frau..., das sage ich Ihnen gerne - es geht ums* • *Vertriebs-**Management*** • *Software-**Management*** • *Facility-**Management*** • *Sicherheits-**Management*** • *IT-**Management*** • *...* *bitte stellen Sie doch durch zu Herrn..., Danke!"* Mit dem Begriff *„Management"* hat die Sekretärin nun wirklich nichts zu tun. Je weicher deine Sprache, umso eher wirst du hören: *„Das brauchen wir nicht!"* Mit dem Hinweis *„Management"* ist sie außen vor und wird zu deinem Gesprächspartner durchstellen. Sekretärin: *„Das brauchen wir nicht, schicken Sie uns vorab einige Unterlagen und wir prüfen, ob das für uns wichtig ist."* Jetzt ist dein schauspielerisches Talent gefragt, stell dich dumm und ahnungslos (ich weiß, es wird dir schwer fallen).

21.2 Kaltakquise am Telefon
Palastwache: „Um was geht es?"

01 Verkäufer: „Ach, Frau Schneider, das ist interessant. Sie entscheiden in Ihrem Unternehmen über diese Dinge? Sind Sie die Entscheidungsträgerin in solchen Fragen?"

Nun muss die Sekretärin verneinen, denn alles andere ist eine Anmaßung.

Im Regelfall wird sie jetzt kleinlaut beigeben und sagen: *„Das macht doch bei uns Herr Weber."*

Verkäufer: *„Dann verbinden Sie mich doch bitte mit Herrn Weber."*

Sekretärin: *„Herr Weber ist derzeit nicht im Haus."*

Jetzt kommt der Appell an das Helfersyndrom der Sekretärin.

Verkäufer: *„Sie können mir doch sicher helfen und mir sagen, wann ich Herrn Weber mit ziemlicher Sicherheit erreichen kann. Ich rufe dann gerne wieder an."*

Besonders gut an diesem Satz sind die drei Worte **„mit ziemlicher Sicherheit"** denn dadurch vermeidest du die Ansage der Sekretärin:

„So genau kann ich Ihnen das auch nicht sagen."
Sekretärin (neugierig): *„Kann ich was ausrichten?"*

Verkäufer: *„Das ist sehr nett von Ihnen, das muss ich mit Herrn Weber persönlich besprechen (wichtig, bedeutungsvoll). Bitte sagen Sie mir der Einfachheit halber seine Rufnummer."*

21.2	**Kaltakquise am Telefon** **Palastwache: „Um was geht es?"**
01	Schlechte Ansagen: „*Würden Sie mir seine direkte Durchwahl geben?*" „*Könnten Sie mir eventuell seine Durchwahl geben?*" Dieses sind schlechte Ansagen, da man erstens nicht gerne gibt und zweitens sind das bittstellende (devote) Fragen. Hier noch einmal die ganze Ansage: Verkäufer: „*Das ist sehr nett von Ihnen, das muss ich mit Herrn Weber persönlich besprechen. Bitte sagen Sie mir der Einfachheit halber seine direkte Durchwahl.*" Welche Sprache ist das? Genau, es ist die Sprache eines Adlers. Ein Adler wird nur mit den Adlern fliegen und nicht gackern wie ein blindes Huhn.
02	„*Ja, das sage ich Ihnen gerne Frau..., es geht um die Reduzierung der Stanzzeiten an den Messingaußenringen – bitte stellen Sie doch durch zu Herrn... – Danke!*"
03	„*Es geht um seine Bestellung – stellen Sie doch bitte direkt zu ihm durch, Dankeschön!*"

21.2	**Kaltakquise am Telefon** **Palastwache: „Um was geht es?"**
04	„*Sage ich Ihnen gerne, Herr/Frau..., es geht um die neue Stellenanzeige in den Jobbörsen – stellen Sie bitte durch, Dankeschön!*"
05	„*Mir geht es um die Frage, wie wir (Dein Nutzenversprechen) für Ihr Unternehmen realisieren können. Aber nur, wenn (Dein Nutzenversprechen) mit einem beispielhaften Euro-Betrag für Sie auch interessant ist und das will ich mit Herrn/Frau ... abklären – stellen Sie doch bitte durch, Dankeschön!*"
06	Verkäufer: „*Schönen guten Tag, Frau... hier ist Vorname Nachname von der ABC-GmbH in...*" Sprechpause Verkäufer: „*Ich grüße Sie, ist (der) Peter Müller heut' schon im Haus?*" oder „*Frau Schneider, kurze Frage, ist der Peter Müller heute schon im Haus?*" Diese Gesprächsstruktur mit Vorname und Nachname plus der Erweiterung („*... heute schon im Haus?*") löst in vielen Fällen den „*Worum geht es denn*"-Impuls erst gar nicht aus und Sie werden direkt durchgestellt. Sekretärin: „*Ja, er ist im Haus.*" Verkäufer: „*Dann verbinden Sie mich bitte ihm und sagen ihm, dass Andreas Beck von der ABC-GmbH am Telefon ist – Danke schön.*"

21.2	Kaltakquise am Telefon Palastwache: *„Um was geht es?"*
06	Ist die Antwort *„Nein"*, dann antwortest du ganz natürlich: *„Dachte ich mir fast. Wann ist er denn für fünf Minuten am Telefon zum Stichwort (Dein Thema) gut erreichbar?"*
07	Verkäufer: *„Ich hatte ihm die versprochenen Unterlagen bereits zugesandt und ich will jetzt seine Fragen beantworten. Bitte sagen Sie Herrn (Name des Entscheiders), dass (dein Name) von der (Name des Unternehmens) in der Leitung ist, Dankeschön!"*
08	Verkäufer: *„Hallo Frau Beimer, ich bin Vorname Nachname von der ABC-GmbH in Frankfurt."* Sprechpause *„Ich grüße Sie, ist der Peter Habla heut schon im Haus?"* oder *„Frau Beimer, kurze Frage, ist der Peter Habla heute schon im Haus?"* Diese Gesprächsstruktur mit Vorname Nachname plus der Erweiterung (*„...heute schon im Haus..."*) vermeidet in den meisten Fällen den Impuls: *„Worum geht es?"* und du wirst direkt und schnell durchgestellt. Sekretärin: *„Ja, er ist im Haus."* Verkäufer: *„Prima, dann verbinden Sie mich bitte mit ihm und sagen ihm, dass Peter Habla von der ABC-GmbH am Telefon ist – Dankeschön!"*

21.2	**Kaltakquise am Telefon** **Palastwache: *„Um was geht es?"***
08	Ist die Antwort der Sekretärin: *„Nein, er ist nicht im Haus"* sagst du ganz natürlich: *„Dachte ich mir fast. Wann ist er denn für fünf Minuten am Telefon zum Stichwort... gut erreichbar?"*
09	Verkäufer: *„Schönen guten Tag Frau Schneider, hier ist Andreas Beck von der ABC-GmbH in Berlin."* Sprechpause *„Frau Schneider, ist (der) Peter Müller heute schon im Haus?"* *„*Palastwache: *„Um was geht es denn?"* Verkäufer: *„Ach, er ist noch gar nicht da?"*

21.3	Kaltakquise am Telefon Palastwache: „*Kennt er sie schon?*"
01	„*Schönen guten Tag, Frau Schneider. Hier ist Vorname Nachname von der ABC-GmbH in Mainz.*" Sprechpause „*Frau..., verbinden Sie mich bitte mit Herrn...*" Palastwache: „*Kennt er Sie schon?*" Verkäufer: „*Das ist ja der Grund meines Anrufs. Bitte verbinden Sie mich mit ihm, Dankeschön.*"
02	„*Schönen guten Tag, Frau Schneider. Hier ist Vorname Nachname von der ABC-GmbH in Mainz.*" Sprechpause „*Frau..., verbinden Sie mich bitte mit Herrn...*" Frau...: „*Kennt er Sie schon?*" Verkäufer: „*Das ist ja der Grund meines Anrufs, damit er entscheiden kann, ob wir uns treffen, brauche ich seine Meinung zum Thema Cloud-Computing (Industrie 4.0 etc.). Bitte verbinden Sie mich mit ihm, Dankeschön!*"

21.4	**Kaltakquise am Telefon Palastwache:** *„Schicken Sie uns Unterlagen."*
01	*„Sehr gerne Herr/Frau..., was soll ich in die Unterlagen reinschreiben, damit es für Ihre Entscheidung hilfreich ist?"*
02	*„Ich habe hier eine PDF-Datei mit 123 Seiten und 47 Seiten Folien. Was hätten Sie denn gerne davon?"*

21.5	Kaltakquise am Telefon Palastwache: „*Rot-Kreuz-Technik*"
01	„*Schönen guten Tag, Frau Schneider. Hier ist Vorname Nachname von der ABC-GmbH in Mainz.*" Sprechpause Verkäufer: „*Frau Schneider, ich bräuchte mal Ihre Hilfe im Zusammenhang mit dem Peter Müller.*" Frau Schneider: „*Wie kann ich helfen?*" Verkäufer: „*Ich benötige seine Meinung zum Thema Cloud Computing in 2017 und folgende - wann ist er für fünf Minuten am Telefon gut zu erreichen?*"
02	„*Guten Tag, Herr/Frau..., ich bin gespannt, ob Sie mir weiterhelfen können...*" Das sind magische Worte. Da kommt das Helfer-Syndrom durch, der Rote-Kreuz-Effekt. Die Menschen lieben es zu helfen und wenn du auf diese nette Art fragst, dann werden sie dich dabei unterstützen. Benutze diese magischen Worte so oft wie möglich.

21.6	Kaltakquise am Telefon – Palastwache: Gesprächspartner unbekannt
01	„Schönen guten Tag, Frau Schneider. Hier ist Vorname Nachname von der ABC-GmbH in Mainz." Sprechpause „Frau…, bevor Sie durchstellen, sagen Sie mir doch bitte wie heißt der verantwortliche Leiter des…?"
02	„Schönen guten Tag, Frau Schneider. Hier ist Vorname Nachname von der ABC-GmbH in Mainz." Sprechpause „Frau…, ich brauche mal Ihre Hilfe - sagen Sie mir doch bitte wie heißt der verantwortliche Leiter des…?"

21.7	Kaltakquise am Telefon – Palastwache: „Sie wollen uns sicher etwas verkaufen"
01	„Das hängt ganz davon ab, was Sie brauchen!"
02	„Auch das gehört zu meinen Aufgaben Frau Westwing, Sie werden sich doch sicher erst zum Kauf entscheiden, wenn ich Sie von den Vorteilen und dem Nutzen überzeugt habe, sehe ich das richtig?"

21.8	Kaltakquise am Telefon – Palastwache: *„Wir haben keinen Bedarf"*
01	Verkäufer: *„Woran haben Sie keinen Bedarf?"* Palastwache: *„An Ihrem Angebot."* Verkäufer: *„Das muss ein Missverständnis sein, es gibt kein Angebot. Wie kommen Sie zu der Aussage?"*
02	Schärfere Variante: Verkäufer: *„Woran haben Sie keinen Bedarf?"* Palastwache: *„An Ihrem Angebot."* Verkäufer: *„Darf ich das so zitieren?"* Palastwache: *„Was meinen Sie mit zitieren?"* Verkäufer: *Wenn ich Sie richtig verstehe, sprechen Sie im Namen von Herrn (Name Boss) und damit im Namen der ABC-GmbH. Und ich finde es zitierwürdig wenn die ABC-GmbH der Meinung ist, dass (dein Nutzenversprechen) nicht interessant ist. Was halten Sie davon, wenn Sie zu Herrn/Frau... durchstellen?"*

21.9	Kaltakquise am Telefon – Palastwache: *„Ich darf niemanden durchstellen."*
01	Verkäufer: *„Das verstehe ich Herr/Frau..., dann ist es wohl am besten, wenn Herr Boss mich direkt anruft. Sicherheitshalber gebe ich Ihnen jetzt meine Telefonnummer..."*
02	Verkäufer: *„Das verstehe ich Frau..., welche Vorgehensweise empfehlen Sie mir denn, um Herrn/Frau...(Ihren Boss) ... von den Vorteilen und dem Nutzen unserer Produkte zu überzeugen?"*

21.10	Kaltakquise am Telefon – Palastwache: *„Mein Chef ist nicht da."*
01	Verkäufer: *„Welchen Ersatztermin schlagen Sie vor?"* oder *„Was halten Sie davon, dass Sie mich informieren, sobald Herr Boss zu unserem Gespräch bereit ist?"*
02	Verkäufer: *„Wann ist er denn für ein 5-minütiges Telefon zu sprechen?"*

21.11	Kaltakquise am Telefon – Palastwache: *„Wir melden uns bei Ihnen."*
01	Verkäufer: *„Ja, okay Herr/Frau... bis wann werden Sie sich bei mir gemeldet haben?"*

Deine Gesprächspartner werden vergessen, was du gesagt hast.

Deine Gesprächspartner werden vergessen, was du getan hast.

Deine Gesprächspartner werden niemals vergessen, welche guten Gefühle sie im Gespräch mit dir hatten.

21.12	Kaltakquise am Telefon – Palastwache: „*Ich darf keinen Namen und keine Telefonnummer rausgeben – schicken Sie eine Mail an info@tralala.eu*"
01	Das solltest du natürlich so nicht stehen lassen. Hier kommt mein Vorschlag für eine professionelle Mail (Versand noch am gleichen Tag) an den qualifizierten Entscheider über die Palastwache: Betreffzeile: Mehr Termine. Mehr Aufträge – unser Telefonat Sehr geehrte Frau Schneider, wie versprochen kommt hier auch schon die von Ihnen gewünschte Mail an Ihren Geschäftsführer Peter Müller. Sehr geehrter Herr Müller, im Zusammenhang mit der Steigerung Ihres Vertriebsergebnisses habe ich den Wunsch, Sie persönlich zu treffen – aber nur, wenn es für uns beide auch wirklich Sinn macht. Viele meiner Kunden nennen mir folgende Ergebnisse unserer bisherigen Zusammenarbeit: • Steigerung der Terminquote um 30% • Steigerung des Umsatzes um 14% bei gleich bleibenden Personalkosten Damit Sie vorab prüfen können, inwieweit diese oder noch bessere Ergebnisse für Ihr Unternehmen erreichbar sind, schlage ich ein telefonisches Sondierungsgespräch von fünf Minuten vor.

21.12	Kaltakquise am Telefon – Palastwache: *"Ich darf keinen Namen und keine Telefonnummer rausgeben – schicken Sie eine Mail an info@tralala.eu"*
01	Bitte lassen Sie mich über Frau Schneider wissen, wann Ihnen dies in den kommenden zwei Wochen gut passt. Viele Grüße Werner F. Hahn Verkaufstrainer + Fachbuchautor Signatur, Foto etc. Wenn es nicht um die Vereinbarung von Terminen geht, sondern um den Verkauf am Telefon, dann ersetz den Text *"...Sie persönlich treffen..."* durch *"...Ihnen ein Angebot zu unterbreiten..."* Nach max. drei Tagen startest du das Nachfass-Telefonat: *"Schönen guten Tag, Frau Schneider, ich bin Werner Hahn von der Hahn GmbH in Mainz."* Frau Schneider: *"Grüß Sie, was kann ich für Sie tun?"* *"Frau Schneider, wir sprachen am 6. April über das Thema (Vertriebs-Management 2017) und Sie erhielten eine kurze Mail für Peter Müller. Sicherlich hat er diesbezüglich noch einige Fragen. Und damit er entscheiden kann, wie sinnvoll ein persönliches Treffen ist, seien Sie so nett und verbinden mich mit ihm – Danke."* Frau Schneider: *"Ja, ich stelle durch."*

Kapitel #22: Perfekte Formulierungen: Termine vereinbaren mit Entscheider

22.1	**Terminvorschlag oder Terminangebot?**
01	Lass mich starten mit einer schnellen Frage: *„Was ist der Grund für eine Terminvereinbarung?"* Nein, das ist jetzt keine trickreiche Frage. Ich wundere mich immer wieder über die Antworten, die ich bekomme: *„Einen Abschluss machen"*, *„Mit Einwänden umgehen zu können"*, *„Für den Auftrag qualifizieren"* oder so ähnliche Punkte. Vielleicht liegt es daran, dass die Verkäufer in den seltensten Fällen nicht auf den Punkt kommen. Die richtige Antwort lautet: *„Der Termin!"* **Ende - Aus, sonst nichts, es geht hier nur um einen Termin.** Das so viele Verkäufer scheitern, hängt doch nur damit zusammen, dass sie viel zu viele Informationen in dem Telefonat unbedingt loswerden wollen. Und richtig los geht es mit der Argumentation erst, wenn die Einwände hoch kommen. Das kennst du doch: *„Wir haben kein Geld dafür"* oder *„Wir haben einen Lieferanten"* oder *„Schicken Sie uns das doch zu"*.

22.1	**Terminvorschlag oder Terminangebot?**
02	Einen Terminvorschlag unterbreite ich meinem Gesprächspartner, wenn ich eine Alternative anbiete. Menschen entscheiden sich immer gerne, wenn sie eine Alternative angeboten bekommen. Terminvorschlag: *„Mein Terminvorschlag ist Wochentag – Datum – Uhrzeit oder klappt es bei Ihnen bereits in der kommenden Woche?"*
03	Ein Terminangebot unterbreite ich, wenn ich an einem bestimmten Tag sowieso in… (Paderborn) einen Termin habe und diesen Termin mit einigen weiteren Terminen verknüpfen will. Terminangebot: *„Mein Terminangebot ist Wochentag – Datum – Uhrzeit – wie sieht es da bei Ihnen im Kalender aus?"* Beende ich meinen Satz nach dem Wort *„Uhrzeit"*, dann überlegt mein Gesprächspartner, ob er den Termin mit mir überhaupt haben will. Deswegen immer an den Satz dranhängen: *„Wie sieht es da bei Ihnen im Kalender aus?"* Es geht nicht mehr um das *„ob"* sondern nur noch um das *„wann"*.

22.2 Kaltakquise am Telefon
Entscheider mit Bedarfsanalyse

01 **Der Einstieg bei Neukunden**

Der erste Satz ist wie der erste optische Eindruck: Er muss stimmen, muss sitzen. Vermeide alle negativen Aussagen. Sprich sofort vom Nutzen deines Produktes – für deinen Kunden! Das wollen Entscheider und Einkäufer hören – ohne Verzug und ohne Schnörkel.

Der Einstieg bei Stammkunden

Erspare dir und deinem Kunden 08/15-Eröffnungen (*„Wie geht's?"*), sondern verknüpfe deine Einstiegsfragen mit konkreten Situationen. Besser aber ist es, gleich an den letzten Kontakt anzuknüpfen.

Stell eine Beziehung her

Das klingt jetzt sehr psychologisch, ist es auch. Aber es ist eine der Voraussetzungen für den Verkauf. Wir alle können es bewusst oder unbewusst mehr oder weniger gut: eine gute Beziehung herstellen, damit die Chemie stimmt. Das bringt ein angenehmes Klima in die Konversation.

Hier kommen die Beispiele:

„Schönen guten Tag Herr... - hier ist Vorname Nachname von der ABC-GmbH. Ist es okay für Sie, wenn ich direkt auf den Punkt komme?"
Sprechpause

22.2	**Kaltakquise am Telefon** **Entscheider mit Bedarfsanalyse**
01	„Prima, Herr..., ich rufe Sie an, weil wir einige Transportunternehmen dabei unterstützt haben, die Ladekapazität Ihrer LKWs um bis zu 40% zu steigern. Derzeit verspüren ja viele Speditionen starken Druck bei den Margen. Ist es okay für Sie, wenn ich Ihnen drei Fragen stelle um zu prüfen, inwieweit Ihr Unternehmen ebenfalls davon profitieren kann?"
02	„Schönen guten Tag Herr... - hier ist Vorname Nachname von der ABC-GmbH. Ist es okay für Sie, wenn ich direkt auf den Punkt komme?" Sprechpause „Prima, Herr Müller, wir sind spezialisiert auf anwenderorientierte Softwarelösungen mit denen Sie a) ....und b) .... erreichen. Wie interessant ist das Thema für Sie? Ist es okay für Sie, wenn ich Ihnen drei Fragen stelle um zu prüfen, inwieweit Ihr Unternehmen ebenfalls davon profitieren kann?"
03	„Schönen guten Tag Herr/Frau..., ich bin Vorname Nachname von der ABC-GmbH in... – darf ich direkt auf den Punkt kommen?" Prima, als...-Experte möchte ich Sie im Kontext Ihrer...- Prozesse persönlich treffen, aber nur, wenn es auch für Sie wirklich Sinn macht. Damit Sie das beurteilen können, habe ich zwei Fragen an Sie – ist es okay, wenn ich Ihnen jetzt zwei Fragen stelle?"

22.2	**Kaltakquise am Telefon** **Entscheider mit Bedarfsanalyse**
04	„Wir möchten Ihr strategischer Partner in den Bereichen heben, fördern, transportieren und sichern von Lasten werden, aber nur, wenn das für Sie einen wirklichen Nutzen bringt – dazu habe ich zwei Fragen an Sie, okay?"
05	„Zum Stichwort „Dokumenten-Management" möchte ich Sie persönlich treffen, aber nur, wenn das für Sie einen wirklichen Nutzen bringt - dazu zwei kurze Fragen, okay?"

22.3	Kaltakquise am Telefon Terminvereinbarung mit Entscheider
01	Terminvereinbarungen mit der 5+1-Schritt-Methode

Schritt #1: Hol dir die Aufmerksamkeit mit seinem Namen: *„Hallo Herr Schneider,"*

Schritt #2: Stell dich selber vor: *„Hier ist der Verkaufstrainer + Fachbuchautor Werner Hahn aus Mainz."*

Schritt #3: Hol dir das erste emotionale „Ja" von ihm ab: *„Herr Schneider, darf ich direkt auf den Punkt kommen?"*
In 99 Prozent der Fälle sagt dir der Gesprächspartner: „Ja, gerne, legen Sie los!"

Schritt #4: Sag ihm was du willst: *„Prima, ich rufe sie heute gezielt an,* **weil** *die Verkäufer mit meinen Trainings mehr Termine und mehr Aufträge realisieren. Wie interessant ist das für Sie?"*

In 90 Prozent der Fälle höre ich ein *„Mehr Termine und mehr Aufträge? Ja, das ist interessant für uns."*

Schritt #5: Terminvereinbarung: *„Wie ich das mache Herr Schneider, erläutere ich Ihnen gerne in einem persönlichen Gespräch – wie sieht es Wochentag – Datum – Uhrzeit bei Ihnen aus - oder klappt es bei Ihnen bereits nächste Woche?"*
Ist der Termin vereinbart, kommt der nächste Schritt: |

22.3	**Kaltakquise am Telefon** **Terminvereinbarung mit Entscheider**

01	**Schritt #5+1:** Bedarfsanalyse: „Damit ich mich auf das Gespräch mit Ihnen vorbereiten kann, habe ich zwei Fragen an Sie:
	    1. Wie viele Verkäufer gibt es im Bereich inside-sales?
	    2. Wie viele Verkäufer gibt es im Außendienst?
	    3. Wo drückt der Schuh am intensivsten?
	
	 Danke für die Informationen – da bringe ich Ihnen einige interessante Informationen mit – Auf Wiederhören Herr Schneider!"

02	*„Schönen guten Tag Herr/Frau..., ich bin Vorname Nachname von der ABC-GmbH in... – Darf ich direkt auf den Punkt kommen?"* *Die (dein Unternehmen) ist bekannt für (dein Nutzen) und ich rufe Sie heute gezielt an, um mit Ihnen einen Gesprächstermin zu vereinbaren - mein Terminvorschlag dazu ist Wochentag – Datum – Uhrzeit oder klappt es bei Ihnen bereits in der kommenden Woche?"*

22.3	Kaltakquise am Telefon Terminvereinbarung mit Entscheider
03	„Schönen guten Tag Herr/Frau..., ich bin Vorname Nachname von der ABC-GmbH in... – Darf ich direkt auf den Punkt kommen?" „Wenn es für Sie eine Möglichkeit gibt, die Stanzzeiten an den Messingaußenringen um 17% zu reduzieren – ist Ihnen das ein Gespräch von 20 Minuten in Ihrem Unternehmen wert?" „Prima, Herr..., da habe ich doch gleich einen Terminvorschlag für Sie...
04	„Schönen guten Tag Herr/Frau..., ich bin Vorname Nachname von der ABC-GmbH in... – Darf ich direkt auf den Punkt kommen?" „Ja, legen Sie los!" „Ich rufe Sie heute ganz gezielt an, weil wir ein Softwareprogramm entwickelt haben, mit dem Sie die Ladekapazität Ihrer LKWs um 30% erhöhen – wie wir das machen und was das für Ihr Unternehmen bedeutet, dass ich will ich gerne mit Ihnen besprechen – wie sieht es da am Wochentag – Datum – Uhrzeit bei Ihnen im Kalender aus?"

22.3	**Kaltakquise am Telefon**
	Terminvereinbarung mit Entscheider

05	„Schönen guten Tag Herr/Frau..., ich bin Vorname Nachname von der ABC-GmbH in... – Darf ich direkt auf den Punkt kommen?"
	„Prima Herr Müller, ich bin Verkaufstrainer und Fachbuchautor und meine direkt Frage an Sie: Wenn Ihre Verkäufer in den kommenden zwölf Monaten ihre Verkäufe um 10 bis 20% steigern, wie interessant ist das für Sie?"
	„Sehr interessant – und was bieten Sie konkret an?"
	Variante #1: „Das ist genau das, worüber ich mich mit Ihnen unterhalten möchte, ich brauche 20 Minuten Ihrer Zeit – lassen Sie uns doch direkt einen Termin vereinbaren – mein Vorschlag ist..."
	Variante #2: „Ich zeige Ihnen, was ich habe und Sie können selbst entscheiden, ob es das ist, was Sie wünschen. Was halten Sie von diesem Vorschlag?"

22.3	Kaltakquise am Telefon Terminvereinbarung mit Entscheider
06	„Schönen guten Tag Herr/Frau…, ich bin Vorname Nachname von der ABC-GmbH in… – Darf ich direkt auf den Punkt kommen?" „Prima Herr…, wir arbeiten mit vielen Bäckereien zusammen und unterstützen sie dabei, wie sie mit frischen Kaffeeangeboten mehr Umsatz erzielen – konkret sprechen wir von Umsatzsteigerungen größer 10%." Variante #1: „Wie interessant ist eine solche Umsatzsteigerung für Sie?" Variante #2: „Um herauszufinden, in wie weit das auch in Ihrer Bäckerei möglich ist, habe ich zwei Fragen an Sie, okay?"
07	„Schönen guten Tag Herr/Frau…, ich bin Vorname Nachname von der ABC-GmbH in… – Darf ich direkt auf den Punkt kommen? Wir haben eine Software entwickelt, mit der die Verwaltungskosten im Personalbereich der ABC-GmbH um 33% gesenkt wurden bei gleichbleibender Mitarbeiteranzahl. Ist es okay für Sie, wenn ich Ihnen zwei Fragen stelle um zu prüfen, inwieweit Ihr Unternehmen ebenfalls davon profitieren kann?"

22.3	**Kaltakquise am Telefon** **Terminvereinbarung mit Entscheider**
07	„*Ja gerne, das interessiert mich!*" „*Frage Nr. 1: ....*" „*Frage Nr. 2: ....*" „*Herr Müller, lassen Sie uns doch unser Gespräch intensivieren – mein Terminvorschlag ist Wochentag – Datum – Uhrzeit – wie sieht es da bei Ihnen im Kalender aus?*"
08	Terminvereinbarung für den Verkauf einer betrieblichen Krankenversicherung *Herr Schneider, ich bin Vorname Nachname von der xyz-Versicherung aus... Herr Schneider, darf ich gleich auf den Punkt kommen?*" „*Ja, legen Sie los!*" „*Prima, ich rufe Sie heute ganz gezielt an um Ihnen aufzuzeigen, wie* *Sie mit einer betrieblichen Krankenversicherung Ihr Unternehmen einerseits attraktiver machen und andererseits die Fehlzeiten Ihrer Mitarbeiter reduzieren.* *Wie interessant ist das Thema für Sie?*"

22.3	Kaltakquise am Telefon Terminvereinbarung mit Entscheider
08	„Müsste ich mehr drüber wissen." „Gerne, Herr Schneider, wie Sie davon profitieren, erläutere ich Ihnen gerne in einem persönlichen Gespräch, wir brauchen dazu 20 Minuten – wie sieht es da bei Ihnen am Wochentag – Datum – Uhrzeit aus oder geht es bereits nächste Woche?"
09	„Herr Kunde, ich habe mich auf Ihrer Homepage etwas näher umgesehen. Dabei habe ich auch gelesen, dass Sie in Ihrer Logistiksparte mit einem unserer Mitbewerber zusammenarbeiten. Was müsste denn für Sie herausspringen, damit für Sie ein Wechsel interessant ist?" Mit einer solchen Frage beweist du deinem Kunden gleich mehrere Dinge: • Du hast dich gut über ihn informiert. • Du kommst mit einer konkreten Verkaufsabsicht und machst diese auch deutlich. • Du weißt genau, dass eine Zusammenarbeit bzw. ein Lieferanten-/Dienstleisterwechsel nur dann für den Kunden interessant ist, wenn er einen konkreten, wirtschaftlichen und WERThaltigen Nutzen bringt. • Du kommst auf den Punkt und redest nicht um den heißen Brei herum. Die meisten Kunden schätzen das – vor allem Profi- Einkäufer.

22.3	**Kaltakquise am Telefon** **Terminvereinbarung mit Entscheider**
10	*Verkäufer:* „*Schönen guten Tag Herr Interessent, ich bin Vorname Nachname von der ABC GmbH in Kiel.* *Interessent:* „*Guten Tag.*" *Verkäufer:* „*Herr Interessent, ist es okay für Sie, wenn ich direkt auf den Punkt komme?*" *Interessent:* „*Ja, gerne, legen Sie direkt los!*" *Verkäufer:* „*Herr Interessent, ich rufe Sie heuten ganz gezielt an, um Sie als Neukunde zu gewinnen. Was muss ich dazu tun?*"
11	*Verkäufer:* „*Herr Interessent, ist es okay für Sie, wenn ich direkt auf den Punkt komme?*" *Interessent:* „*Ja, gerne!*" *Verkäufer:* „*Herr Interessent, ich bin auf der Suche nach neuen Kunden und dachte dabei an Sie.*"

22.3	Kaltakquise am Telefon Terminvereinbarung mit Entscheider
12	„Frau Bartels, unser Unternehmen fertigt maßgeschneiderte Verpackungen aus Kunststoff. Diese helfen, Ihre Produkte beim Transport vor Schaden zu schützen und gleichzeitig attraktiv und übersichtlich zu präsentieren. Deswegen meine direkte Frage an Sie: Wie viele Aussendungen haben Sie pro Monat?"
13	„Wir bieten großvolumige Kaffeeautomaten für Unternehmen Ihrer Größenordnung. Die Getränkeauswahl legen Sie individuell fest und wir übernehmen das Befüllen und die komplette Wartung in einem 24 Stunden Service. Ab wann wollen Sie diesen Service nutzen?"
14	„Wir beraten Unternehmen bei der Suchmaschinenoptimierung. Wir zeigen Ihnen, wie sie in Suchmaschinen gut gefunden werden und wie Sie Besucher auf Ihrer Webseite fesseln. Wie wichtig sind neue Kunden für Sie?"

22.4	**Kaltakquise am Telefon**
	Termin mit Entscheider plus Bedarfsanalyse
01	„Schönen guten Tag, Herr/Frau..., ich bin Vorname Nachname von der ABC-GmbH in... – darf ich direkt auf den Punkt kommen?"
	„Prima, Herr/Frau xyz, als Verkaufstrainer habe ich mittlerweile zwölf Bücher über das Verkaufen geschrieben und mit meinen Trainings erreichen **die** Verkäufer mehr Termine und mehr Aufträge. Wie interessant ist das für Sie?" (Lachen...)
	„Okay, dann lassen Sie uns einen Termin vereinbaren - mein Vorschlag ist Wochentag - Datum - Uhrzeit oder geht es bei Ihnen bereits in der kommenden Woche?"
	„Termin passt."
	„Damit ich mich auf das Gespräch mit Ihnen vorbereiten kann, habe ich zwei Fragen an Sie: • Wie viele Vertriebler sind im Außendienst? • Wie viele Vertriebler sind im Innendienst? • Wo drückt der Schuh am intensivsten?" •

22.5	Kaltakquise am Telefon Bedarfsanalyse mit Entscheider plus Terminvereinbarung
01	**Schritt #1:** „Hallo Herr Peters," **Schritt #2:** „Hier ist Mirko Sanders von IT-Consulting." **Schritt #3:** „Herr Peters, ist es okay für Sie, wenn ich direkt auf den Punkt komme?" **Schritt #4:** „Prima, Herr Peters, ich rufe Sie an, **weil** wir einige Transportunternehmen dabei unterstützt haben, die Ladekapazität Ihrer LKWs um bis zu 21% zu steigern. Derzeit verspüren ja viele Speditionen starken Druck bei den Margen. Ist es okay für Sie, wenn ich Ihnen drei Fragen stelle um zu prüfen, inwieweit Ihr Unternehmen ebenfalls davon profitieren kann?" In 90 Prozent der Fälle hörst du: „Ja gerne." **Schritt #5:** Stell jetzt die erforderlichen Fragen aus deiner Bedarfsanalyse. „Wie viele Fahrzeuge sind derzeit bei Ihnen im Einsatz?" „Was planen Sie in den kommenden...?" „Was bedeutet das für Sie, wenn Sie bei dem derzeitigen Bestand die Ladekapazität um 36% steigern?" **Schritt 5+1:** Hört sich das alles interessant für dich an, vereinbar direkt den Termin mit deinem Gesprächspartner. Mein Mantra für die Terminvereinbarung kennst du ja!

22.5	**Kaltakquise am Telefon**
	Bedarfsanalyse mit Entscheider plus Terminvereinbarung

| 02 | *Verkäufer: „Schönen guten Tag Herr Interessent, ich bin Vorname Nachname von der ABC GmbH.*

Interessent: „Guten Tag."

Verkäufer: „Herr Interessent, ist es okay für Sie, wenn ich direkt auf den Punkt komme?"

Interessent: „Ja, gerne!"

Verkäufer: „Als Logistik-Experte der (Kundenbranche) möchte ich Sie im Kontext der Optimierung Ihrer Logistikprozesse persönlich treffen – aber nur, wenn es für Sie auch wirklich Sinn macht. Damit Sie das beurteilen können, habe ich zwei kurze Fragen an Sie, ist das okay?"

Interessent: „Ja, legen Sie los!"

Dadurch, dass du sagst: *„Aber nur, wenn es für Sie Sinn macht"*, erkennt er, dass du ihm nichts aufzwingen willst. Er hat das Gefühl, dass er in der Entscheiderrolle über den weiteren Verlauf des Gesprächs zu bleibt.
Er ist deshalb gerne bereit, das Gespräch mit dir weiter zu führen und du bekommst gerne ein *„Ja"* von ihm. |

22.5	**Kaltakquise am Telefon** **Bedarfsanalyse mit Entscheider plus Terminvereinbarung**
03	Verkäufer: „Wir sind Spezialisten im Bereich ……………… und ich möchte Ihr künftiger strategischer Partner werden – aber nur, wenn das für Sie wirklichen Nutzen bringt, dazu brauche ich Sie für zwei kurze Fragen, okay?" Jetzt kommen weitere Fragen aus der Bedarfsanalyse.
04	Verkäufer: „Herr Interessent, ich gehe sicherlich recht in der Annahme, dass Sie bereits einen Partner für den Bereich ……………… haben, oder?" Interessent: „Ja haben wir." Verkäufer: „Prima, dann kennen Sie sich ja bestens aus und wissen exakt, worauf es Ihnen ankommt. In welchen Bereichen wünschen Sie sich zusätzliche Verbesserungen?" Oder „Das ist auch der Grund meines Anrufes bei Ihnen: Gerade Unternehmen wie Sie, die bereits versorgt sind, nutzen uns als Ergänzung zu Ihrem bestehenden Partner, wenn es um Spezialthemen wie X (Schulung?) und Y (Gefährdungsanalyse) geht. Welche speziellen Herausforderungen stehen bei Ihnen aktuell in diesen Bereichen an?"

22.5	Kaltakquise am Telefon **Bedarfsanalyse mit Entscheider plus Terminvereinbarung**
	Jetzt kommen weitere Fragen aus der Bedarfsanalyse. Sagt der Interessent: *„Nein, wir haben da keinen Partner."* Antwortest du wie folgt: Verkäufer: *„Genau deswegen rufe ich heute bei Ihnen an. Wie lösen Sie... und wie wichtig sind Ihnen...?"*

22.6	**Gespräch mit Entscheider, um herauszufinden, wer alles in den Entscheidungsprozess eingebunden ist**
01	*„Was mich besonders interessiert, Herr/Frau..., wie sieht denn ein solcher Entscheidungsprozess in Ihrem Unternehmen aus?"*
02	*„Wer ist denn alles in den Entscheidungsprozess mit eingebunden?*

22.7	**Kaltakquise vor Ort ohne Termin!**
01	Mein Schlüssel zum Erfolg besteht einfach darin, indirekt bei der Sekretärin oder bei dem Assistenten (also bei der Palastwache) nach bestimmten Informationen zu fragen. Sie oder er werden dir gerne diese Informationen geben, damit du später mit einem Folgetelefonat erfolgreich sein wirst. Nehmen wir an, du verkaufst Software im Bereich Dokumenten-Management. Dann sieht deine Argumentation in der Kaltakquisition wie folgt aus: *„Guten Tag, ich bin Werner* (jetzt die Visitenkarte überreichen) *Hahn und sie können mir sicher helfen: Ich habe einige wichtige Informationen über Dokumenten-Management - wem soll ich diese überlassen?"* Wenn du jetzt einen Namen bekommst, MUSST du jetzt noch die folgende verbindliche Doppel-Frage stellen: *„Ist Herr/Frau..., die Person, die auch im Bereich Dokumenten-Management die Entscheidung trifft? Gibt es jetzt noch jemanden anderes, der an der Entscheidung mitarbeitet?"* Wenn jetzt die Person hinter dem Tresen sagt: *„Überlassen Sie mir die Unterlagen,"* dann frage freundlich (mit einem Lächeln in der Stimme) zurück: *„Oh, sind Sie auch die Person, die über den Einsatz von Dokumenten-Management entscheidet?"*

22.7	**Kaltakquise vor Ort ohne Termin!**
01	Danach wird sie sofort einen Rückzieher machen. Wenn sie es nicht macht, dann fragst du weiterhin auf freundliche Art und Weise, wer denn nun die Entscheidungen in diesem Unternehmen trifft. Sei immer freundlich und hartnäckig, bis du den Namen hast. Vielleicht musst du dazu drei oder vier Anläufe unternehmen. Verlass das Unternehmen erst dann, wenn du den Namen hast und denk immer an die Doppel-Frage.
02	In einigen Fällen kann es sein, dass du von der Palastwache abgewimmelt wirst mit der Aussage: *„Haben Sie denn einen Termine?"* Sagst du *„Ja"*, werden sie dich hinauskomplimentieren, da du keinen Termin hast. Sagst du *„Nein"* werden sie zu dir sagen: *„Rufen Sie gefälligst vorher an und lassen Sie sich einen Termin geben."* Du kannst ja schlecht in dieser Situation sagen, dass du schon 10mal angerufen hast und keinen Termin bekommen hast.

22.7	**Kaltakquise vor Ort ohne Termin!**
02	In einigen Fällen kann es sein, dass du von der Palastwache abgewimmelt wirst mit der Aussage: *„Haben Sie denn einen Termine?"* Sagst du *„Ja"*, werden sie dich hinauskomplimentieren, da du keinen Termin hast. Sagst du *„Nein"* werden sie zu dir sagen: *„Rufen Sie gefälligst vorher an und lassen Sie sich einen Termin geben."* Du kannst ja schlecht in dieser Situation sagen, dass du schon 10mal angerufen hast und keinen Termin bekommen hast. Deswegen nimm eine entspannte Haltung ein, lächele, schau in die Augen der Palastwache und sag: *„Genau deswegen bin ich ja hier – es dauert auch nur fünf Minuten."* Im Regelfall bekommst du jetzt dein Gespräch mit dem Entscheider.

03	Machst du Kaltakquise vor Ort und der Entscheider steht vor dir, stellst du dich bitte wie folgt vor:
	
	 „Hallo Herr/Frau..., ich bin Vorname (Visitenkarte überreichen) Nachname von der ABC-GmbH. Ich bin der verantwortliche Fachberater für die Region Mainz, Wiesbaden und Bad Kreuznach und bin heute hier um mich
	     a) bei Ihnen persönlich vorzustellen und
	     b) Ihre Fragen zu beantworten."

22.7	**Kaltakquise vor Ort** **ohne Termin!**
03	In 90% der Fälle sagt dein Gesprächspartner: „*Ich habe keine Fragen.*" (er meint damit: *gehen Sie jetzt wieder*). Deine Antwort: „*Ah, das trifft sich gut, ich habe zwei Fragen an Sie und zwar...*" Jetzt bringst du deine zwei wichtigsten Fragen aus der Bedarfsanalyse.

22.8	Gespräch mit Entscheider – SIE-Ansprache
01	Bei der SIE-Argumentation geht es darum, die Situation aus Sicht des Interessenten/Kunden zu beschreiben, also mit „SIE" und nicht „Ich" oder „Wir". Das gilt für Briefe, Telefonate, Verkaufsgespräche. Negatives Beispiel: *„Gerne stellen wir den beantragten Kredit zur Verfügung. Wir benötigen noch folgende Unterlagen...!* Positives Beispiel: *„Gerne können Sie ab... über die Summe verfügen – bitte lassen Sie uns noch folgende Unterlagen zukommen..."* Ausnahme: Wenn dein Kunde auf dein persönliches Urteil besonderen Wert legt, dann kannst du mit „Ich" argumentieren.

22.9 Gespräch mit Entscheider
Komplimente machen

01 Ein Kompliment signalisiert deine Wertschätzung dem Gesprächspartner gegenüber. Es ist ein Geschenk. Kunden finden es toll, wenn sie von dir gelobt und anerkannt werden.

Überleg, welche Komplimente du deinem Kunden machen kannst und nutze konsequent die vielfältigen Chancen, Anerkennung zu verteilen. Beachte dabei, nicht übertrieben zu loben.

Beispiele für Komplimente:

- *Richtig!*
- *Genau!*
- *Ein guter Vorschlag.*
- *Eine sehr interessante Frage.*
- *Das ist ein wesentlicher Punkt.*
- *Eine ausgezeichnete Idee.*
- *Sie haben Recht.*
- *Das ist ein wichtiger Punkt.*
- *Vielen Dank, Herr/Frau ....*
- *Super!*
- *....................*

22.10	Der Einwand „*Keine Zeit*" gehört der Vergangenheit an
01	Mit der Gesprächseröffnung: *„Darf ich direkt auf den Punkt kommen?"* Oder *„Ist es okay für Sie, Frau Brenner, wenn ich direkt auf den Punkt komme?"* wirst du in Zukunft diesen Einwand nicht mehr (oder nur noch ganz selten) hören.

22.11	**Die Geschäftsbeziehung wieder aufleben lassen**
01	Es wird immer Kündigungen geben, und auch *„Karteileichen"*, also Kunden in deiner Datei, die du früher betreut hast und die jetzt der Wettbewerber versorgt. Aber Stopp: Allein schon das Wort *„Karteileichen"* ist nicht zielführend und ein absolutes NO GO! Deine Kunden sind keine „Leichen", sondern Menschen, die sich einst für dein Unternehmen und deine Produkte und Dienstleistungen begeistern konnten. WICHTIG: Ab sofort findet kein Rückholgespräch ohne dezidierte Kenntnis der Kündigungsursachen statt!
02	*„Schön guten Tag Herr/Frau..., Ich bin Vorname Nachname von der .... GmbH in ....* *Darf ich direkt auf den Punkt kommen?"* *„Ja, legen Sie los!"* *Prima, Herr/Frau..., wir standen schon mal in enger Geschäftsbeziehung und dann ist die Zusammenarbeit eingeschlafen und deswegen meine direkte Frage an Sie: Warum genau kaufen Sie jetzt nicht mehr bei uns?"*
03	*„Ich konnte es kaum erwarten, bis diese langen Jahre endlich abgelaufen waren, um Sie wieder mal anzurufen..."*

22.11	Die Geschäftsbeziehung wieder aufleben lassen
04	*„Ich nehme heute die jahrelange Funkstille zum Anlass, um mit Ihnen wieder ins Gespräch zu kommen – was halten Sie davon, wenn wir uns am Wochentag – Datum – Uhrzeit treffen, um über eine weitere Zusammenarbeit zu sprechen?"*
05	*„Guten Tag Herr Lorenz, ich bin Vorname Nachname von der ABC GmbH in Mainz. Darf ich direkt auf den Punkt kommen?"* *„Ja, gerne!"* *„Prima, Herr Lorenz, wir haben in der Vergangenheit einige Geschäfte getätigt und die Verbindung ist irgendwann abgebrochen. Deswegen rufe ich Sie heute an, um die Geschäftsbeziehung wieder aufleben zu lassen. Dazu habe ich zwei Fragen an Sie – ist das okay?"* *Frage 1: „In welchen Bereichen der elektronischen Bauelemente wünschen Sie sich eine professionelle Unterstützung?"* *Frage 2:..*

22.12 Die 5+1-Schritt-Methode zur Terminvereinbarung

Schritt #1: Hol dir die Aufmerksamkeit mit seinem Namen

Das süßeste Geräusch in unseren Ohren ist immer der eigene Name.

„Hallo Herr Schultze..."

„Schönen guten Tag Frau Beier..."

Schritt #2: Stell dich vor

„Ich bin der Verkaufstrainer und Buchautor Werner Hahn aus Mainz..."

„Ich bin der verantwortliche Vertriebsmitarbeiter der xyz-GmbH in Wiesbaden..."

„Ich bin der verantwortliche Fachberater der xyz-GmbH in..."

Schritt #3: Hol dir das erste emotionale „Ja" ab.

„Darf ich direkt auf den Punkt kommen?"

„Ist es okay für Sie, wenn ich direkt auf den Punkt komme?"

In 99% der Fälle sagt dir der Gesprächspartner: „Ja, legen Sie los!"

Schritt #4: Sag ihm was du konkret willst

„Prima, ich rufe Sie heute gezielt an, weil die Verkäufer mit meinen Trainings mehr Termine und mehr Aufträge erzielen. Wie interessant ist das für Sie?"

In 90% der Fälle höre ich: „Hört sich interessant an!"

22.12	Die 5+1-Schritt-Methode zur Terminvereinbarung
01	**Schritt #5: Terminvereinbarung** „Wie ich das mache Herr Schultze, erläutere ich Ihnen gerne in einem 20 minütigem persönlichen Gespräch – wie sieht es Wochentag – Datum – Uhrzeit bei Ihnen im Kalender aus, oder klappt es bereits in der kommenden Woche?" **Schritt 5+1: Bedarfsanalyse** „Damit ich mich auf das Gespräch mit ihnen vorbereiten kann, habe ich zwei Fragen an Sie: 1. Wie viele Mitarbeiter sind im Vertrieb inside-sales? 2. Wie viele Mitarbeiter sind im Außendienst? 3. Wo drückt der Schuh am stärksten?

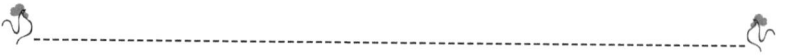

Kapitel #23: Perfekte Formulierungen Texte für Mobilbox und Anrufbeantworter

Du hast ein Angebot abgegeben und der Empfänger lässt nichts mehr von sich hören:

Variante #1: *„Hallo Herr Müller, hier ist der Verkaufstrainer Werner Hahn aus Mainz.*
Wir sind in unserem Projekt noch nicht weitergekommen und ich weiß ja, dass Sie viel zu tun haben.
Wenn Sie weiter an meinem Angebot interessiert sind: großartig.
Wenn Sie sich für einen anderen Partner entschieden haben, dann lassen Sie es mich wissen.

Ich habe eine Bitte an Sie: sobald Sie diese Nachricht abgehört haben, rufen Sie mich doch bitte zurück und sagen Sie mir, für welchen Weg Sie sich entschieden haben. Herzlichen Dank – ich freu mich auf Ihre Nachricht. Sie erreichen mich unter der Rufnummer 0171 – 650 56 90. Hier erneut die Rufnummer: 0171-650 56 90 – vielen Dank, der Verkaufstrainer Werner Hahn aus Mainz."

Du rufst einen Interessenten an und landest auf der Mobilbox:

Variante #1: *„Guten Tag Herr Huber, hier spricht Charlotte Tesla von Telefon-Net. Schade, dass ich Sie gerade nicht persönlich erreiche. Wir haben uns letzte Woche auf der CeBIT kennengelernt und vereinbart, dass wir uns über Ihre künftige digitale Telefonanlage unterhalten.*
Es wäre nett, wenn Sie mich zurückrufen. Meine Nummer lautet (kurze Pause, damit Herr Huber zum Stift greifen kann) 0171 – 650 56 90, ich wiederhole 0171 650 56 90 - vielen Dank."

Textvorlagen für das Smartphone

Variante #1:

„Schönen guten Tag, dies ist die persönliche Mailbox vom Verkaufstrainer Werner Hahn. Leider kann ich Ihren Anruf im Augenblick nicht entgegennehmen, rufe Sie aber gerne zurück. Bitte hinterlassen Sie Ihre kurze Nachricht einfach nach dem Signalton. Vielen Dank, der Verkaufstrainer Werner Hahn."

Variante #2:

„Hallo und guten Tag – Werner Hahn ist zwar im Moment nicht persönlich erreichbar, aber mit etwas Glück folgt der Rückruf schneller, als Sie denken! Ihre kurze Nachricht bitte nach dem Signalton. Vielen Dank."

Kapitel #24: Perfekte Formulierungen Text für eine Email, wenn deine Anrufe nicht beantwortet werden

Betreffzeile: Soll ich am Ball bleiben oder ziehe ich mich zurück?

Herr Müller, ich habe schon einige Zeit nichts mehr von Ihnen gehört und das kann dreierlei bedeuten:

1. Sie haben sich für einen anderen Lieferanten entschieden und wenn das so ist, dann lassen Sie mich das wissen. Ich stelle umgehend meine Nachfassaktivitäten ein.
2. Sie sind weiterhin an meinem Angebot interessiert und sind noch nicht dazu gekommen, mich darüber zu informieren.
3. Sie sind – egal aus welchen Gründen – längere Zeit nicht im Geschäft gewesen.

Informieren Sie mich bitte, welcher von den drei Punkten zutrifft.
Danke im Voraus – ich freue mich auf Ihre Nachricht.

Werner F. Hahn
Verkaufstrainer + Fachbuchautor

Ich will dir nichts versprechen, doch meine Kunden berichten, dass in einigen Fällen bereits innerhalb von 20 Minuten ein Rückruf erfolgte.

Kapitel #25: Einwandbehandlung

#1: Wir haben bereits einen Partner

Variante #1:

Henry Ford hat einmal gesagt: „Ich prüfe jedes Angebot, denn es könnte das Angebot meines Lebens sein. Prüfen Sie uns jetzt – mein Terminangebot ist Wochentag – Datum – Uhrzeit – wie sieht es da bei Ihnen aus?"

Variante #2:

„Herr/Frau Kunde, das spricht für Sie, dass Sie loyal zum jetzigen Lieferanten stehen und einen Partner für... und... haben.
Dann macht es ja zusätzlich Sinn, sich zusammen zu setzen – Sie wissen ja der Markt ist in Bewegung und der alte...(Getty) ... sagte schon: Nur der Vergleich macht reich.
Was spricht denn dagegen, dass Sie einfach mal vergleichen?"

#2: *Was können Sie am Preis noch machen?*

Variante #1:

„Ah, Herr/Frau..., da höre ich raus, dass alle anderen Punkte soweit Ihre Zustimmung finden. Ist das richtig?"

Variante #2:

„Gibt es – außer Ihrem Hinweis zur Investition noch etwas, was uns davon abhält, jetzt ins Geschäft zu kommen?"

„Nein, es ist nur der Preis!"

„Das heißt also, wenn ich Ihnen aufzeige, dass die Investition und die Leistung wirklich stimmen und Sie mit unserem Produkt super fahren, dann nehmen sie es, ist das richtig?"

#3: Muss ich noch mit dem Boss besprechen

Variante #1:

„Ah, ich verstehe, Herr/Frau xyz, das macht ja auch Sinn. Eine Frage: Wenn Sie dies Ihrem (Boss, Partner) gezeigt haben und er davon begeistert ist, und er Ihnen sagt, dass Sie das Beste für das Unternehmen tun sollen, sind Sie überzeugt davon, dass dies die richtige Lösung für Sie ist und wir im Projekt weiter vorangehen?"

Variante #2:

„Ich verstehe, dass Sie noch mit Ihrer Frau/Ehemann/ Geschäftspartner darüber sprechen wollen. Lassen Sie uns doch schon die Unterlagen ausfüllen und wenn Ihre Frau/Ehemann/Geschäftspartner nachher das okay gibt, haben wir schon alles erledigt. Wenn nicht, dann zerreißen Sie es."

Variante #3:

Was wird passieren, wenn der Boss seine Zustimmung verweigert?"

#4: Wir warten noch auf zwei weitere Angebote

Variante #1:

Verkäufer: „Was versprechen Sie sich von den drei Angeboten?"

„Wie gehen Sie vor, wenn Ihnen die Angebote vorliegen?"

„Ich habe eine große Bitte an Sie – wenn Sie die Angebote vorliegen haben, dass wir beide das letzte Gespräch führen – was halten Sie davon?"

Variante #2:

„Ich verstehe das, offensichtlich gibt es noch Fragen zu unserem Angebot - welche Fragen sind von Ihrer Seite noch offen?"

Variante #3:

„Nach welchen Kriterien vergleichen Sie die Angebote?"

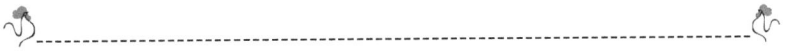

#5: Rufen Sie in vier Wochen wieder an

Variante #1:

„Okay, aber wissen Sie was, (sag das so, als wenn dir das gerade eingefallen wäre), lassen Sie uns wie folgt vorgehen: Wir beide tragen einen Bleistift-Termin ein – der ist nicht in Stein gemeißelt.
Ich rufe Sie vorher noch an, um den Termin zu bestätigen, andernfalls vereinbaren wir einen neuen Termin.
Also ich wiederhole noch mal den Termin: Wochentag – Datum – Uhrzeit.
Ich freue mich auf das Gespräch mit Ihnen und verspreche Ihnen, es wird hochinteressant für Sie!"
Sollst du dich auf die Aussage des Kunden verlassen und in sechs Monaten erst wieder anrufen, so wie er es dir in dem Ersttelefonat gesagt hat?

Variante #2:

Ich habe mich einmal an diese Aussage gehalten und als ich nach sechs Monaten wieder anrief, flötete der Geschäftsführer munter ins Telefon:

„Ach Herr Hahn, schade dass Sie sich nicht früher gemeldet haben, wir haben uns letzten Monat für ein anderes Unternehmen entschieden!"

Damit hatte ich die rote Karte. Deswegen setze ich heute alles dran, viel früher wieder anzurufen. Was ich dazu brauche, ist nur der richtige Interessewecker:
„Hallo Herr Becker, ich habe gestern an Sie gedacht, da wir mittlerweile (jetzt kommt der Aufhänger, eine neue Idee, ein interessanter Presseartikel ...)..."

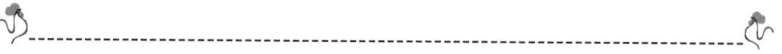

Kapitel #26: Rufen Sie mich nie wieder an!

"Eher wird es in der Hölle schneien, bevor ich bei Ihnen etwas kaufe!"

Bei deiner Akquise kann es vorkommen, dass – egal wie freundlich und zuvorkommend du am Telefon bist – plötzlich dein Gesprächspartner ins Telefon brüllt: *"Rufen Sie mich nie wieder an!"* oder *"Eher wird es in der Hölle schneien, bevor ich bei Ihnen etwas kaufe!"* oder er wird weitere ausfallende Kommentare abgeben. Das können sogar hämische Kommentare aufgrund deines Faxes sein, entsprechende Bemerkungen auf seiner Antwort-Mail oder – was auch häufig vorkommt – dass er einfach das Gespräch wortlos beendet (früher hieß das: *den Hörer auflegen!*).

Wenn du deine Interessenten in ihrer Arbeit unterbrichst, können sie ganz schön ruppig sein, kurz angebunden und manchmal auch so stark lästern, dass du dich persönlich angegriffen fühlst.

Manchmal hängt es auch einfach damit zusammen, dass du gerade in einem ungünstigen Moment angerufen hast. Vielleicht hatte der BIG BOSS deinem Gesprächspartner die Zahlen vom letzten Quartal vor die Nase geknallt mit dem Hinweis, dass er ein absoluter Verlierer ohne Zukunft sei. Oder seine Frau hatte ihm noch durchs Telefon zugerufen: *"Mich und die Kinder siehst du sowieso nie wieder!"* Gerade in dem Moment hattest du ihn an der Strippe und seine ganze Frustration hat er bei dir abgeladen.

Manchmal gibt es aber auch Typen, die sind wirkliche A……..

Wenn du manchmal so behandelt wirst, entwickelst du möglicherweise eine Tendenz, dir so was zu Herzen zu nehmen.

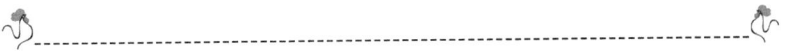

Du hörst auf mit deiner Akquisition. Schnapp dir – nach einer solchen Situation – lieber mental einen vertrauenswürdigen Vertriebskollegen und spiel mit ihm die Konversation durch – immer wieder, nur mental. Das Ergebnis: du fühlst dich missverstanden, ärgerlich, ängstlich, rachsüchtig und diese Gefühle belasten deine positive Einstellung und rauben dir den Spaß an der Akquise.

Im Regelfall endet das mit dem Eintrag „NIE WIEDER ANRUFEN" in deinem CRM-System.

Du konzentrierst dich auf deinen Gesprächspartner und entwickelst eine Geschichte über das, was er sagte, tat oder dachte. In deinen Gedanken siehst du, wie dein Gesprächspartner von ganzem Herzen hämisch lachte, nachdem er das Gespräch mit dir beendet hatte.

TATSACHE: Zwischenzeitlich kann sich dein Gesprächspartner überhaupt nicht mehr an dich erinnern. Nachdem er das Gespräch mit dir beendet (besser: Nachdem er dich am Telefon zusammengefaltet) hatte, konzentrierte er sich auf seinen nächsten Gedanken und du warst außen vor.

Du warst bei ihm nur ein kleines Blinklicht – bist sofort wieder erloschen.

Nur einen klitzekleinen Moment hattest du ihn in seinem Tagesgeschäft unterbrochen. Glaub mir! Mich haben Interessenten am Dienstag zur Schnecke gemacht und am Donnerstag waren wir die besten Freunde. Völlig losgelöst von dem vorherigen Telefonat. Und wenn mich heute manche Interessenten anblaffen mit: *„Rufen Sie mich nie wieder an!"* – ich werde sie einige Tage später wieder anrufen.

Ich vergleiche das mit dem Reiten. Da ich im ach so reizvollen Ostwestfalen aufgewachsen bin, wollte ich eines Tages auch auf einem Pferd sitzen. Okay, das Pferd, das ich mir damals ausgesucht hatte, was ein gutmütiger Kaltblüter auf dem Bauernhof meines Kumpels. Auf der einen Seite des Pferdes bin ich aufgestiegen und direkt auf der anderen Seite gleich runtergefallen. Das war dann mein Erlebnis mit meiner ersten Reitstunde:

Denke ich ans reiten, denke ich ans runterfallen.

Heute sieht das Pferde-Training professioneller aus. Fällt ein Kind vom Pferd, muss es sofort wieder aufsteigen – egal wie laut es weint, kreischt und jammert mit der Bemerkung, nie wieder auf ein Pferd zu steigen.

Der Trainer dirigiert es sofort wieder aufs Pferd. Er weiß genau: wenn es diese neue Erfahrung nicht macht, läuft Im Kopf immer der gleiche Film ab: rauf aufs Pferd und runter vom Pferd auf den harten Boden. Und die Kinder werden das machen, was ich seit Jahrzehnten mache: nie wieder auf ein Pferd steigen! Meine Angst ist doch, gleich wieder runter zu fallen.

Die brutale Wahrheit: Wer kein Selbstvertrauen zu sich hat, dem fehlt der echte Mut. Er wird dieses Defizit mit Mutproben kompensieren, doch das ist nur eine Fassade. Ein gutes Beispiel dazu ist Harry Potter, der von Band zu Band seine Ängste überwindet und dadurch immer tapferer wird.

Es ist schon für dich eine anspruchsvolle Aufgabe, nach einer solchen Interessenten-Attacke zum nächsten Gesprächspartner überzugehen. Das tut weh. Du denkst darüber nach und du sprichst darüber. Du denkst darüber nach, wieder zum Hörer zu greifen und ihn anzurufen mit den Worten: „F.ck YOU!"

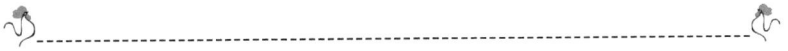

Der Ärger belastet deine Gedanken und lässt dich sogar noch nachts über diesen Vorfall nachdenken. Das kann sogar dazu führen, dass deine Akquisitionen komplett eingestellt werden und dein Verkaufstrichter leer bleibt mit dem Ergebnis, dass deine Karriere im Vertrieb beendet ist, bevor sie überhaupt richtig begonnen hat.

Ich treffe jeden Tag Verkäufer, die mit solchen rüden und unangenehmen Interessenten bereits konfrontiert wurden. Viele meiner Trainingsteilnehmer berichten auf den Trainings: *„...eines Tages schnauzte ein Interessent mich an....!"*

TATSACHE: Sie haben tausende von Anrufen gemacht und sie erinnern sich nur an den einen, der so fürchterlich grausam war.

Diese Verkäufer verschwenden ihre Zeit, Energie und positive Gedanken mit einem toten Pferd. Egal wie schwer sie kämpfen, das Pferd wird sich nicht bewegen. Sie leben in der Vergangenheit – dabei sollten sie sich auf die Gegenwart und Zukunft konzentrieren.

Ein Kampf gegen tote Pferde ist selbstzerstörerisch. Tote Pferde bewegen sich nicht, sie verfaulen und stinken.

Hier kommt mein Vorschlag: Wenn das Pferd tot ist, steig ab!
Doch das ist leichter gesagt als getan. Hier kommen meine drei Strategien, um mit der Ablehnung umzugehen:

Strategie #1: Entschlossenheit statt Zorn.

Das wahre Geheimnis in diesem Fall ist die Tatsache, dass Zorn eine Form der Energie ist und wenn du zornig bist, saugt das die positive Energie aus deinem Körper. Erfolgreiche Verkäufer drehen diesen Zorn, den Misserfolg oder auch die Niederlage um in eine besondere Entschlossenheit.

Sobald dir jemand Angst macht, füllt sich dein Körper mit Adrenalin zur Abwehr der auftretenden Gefahren. Nutze diese Energie um täglich besser zu werden, denn der Erfolg ist deine Rache.

Strategie #2: Entwickle eine Stoßdämpfer-Funktion.

Finde heraus, was dir dein Selbstvertrauen wieder zurück bringt oder was dich wieder neu motiviert. Das kann ein besonderes Erlebnis mit der Familie sein, ein außergewöhnlicher Podcast, eine Affirmation, ein Telefonat mit einem Freund, hör dir entspannende Musik an, oder geh vor die Tür und hack Holz für den nächsten kommenden Winter. Der Schlüssel dazu besteht darin, eine Routine zu entwickeln, die dich frei macht von den Interessenten, die dich runterziehen.

Strategie #3: Wandele Ablehnung um in eine neue Perspektive.

Über die Jahre habe ich eine ganz einfache Strategie entwickelt, wie ich mich aus einer solchen Situation sofort befreie. Hinter meinem Schreibtisch hängt eine bereits vergilbte Karteikarte, die mich bereits seit über 25 Jahren begleitet und immer wieder einen Platz an der Wand findet. Auf der Karte stehen zwei Wörter in englischer Sprache – das erste Wort beginnt mit einem F.ck und das letzte Wort steht für YOU!

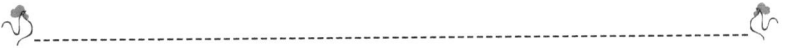

Kapitel #27: Die Kaltakquisitions-Regeln des 22. Jahrhunderts

1. Erstell eine zielorientierte Liste.

Bevor du mit deiner Kaltakquisition startest, solltest du ein exaktes Profil deines idealen Kunden erstellen. Aus allen Möglichkeiten, die es gibt: wer würde kaufen was du anbietest und wer kommt diesem Profil am nächsten? Wer würde große Mengen kaufen und wer würde regelmäßig mehr kaufen?

Beschreib deinen idealen Kunden – berücksichtige Kriterien wie z.B.:

- Welche Branche und welcher Markt?
- Welche Region?
- Was lautet der Titel von dem Entscheider?
- Hat dieser Markt bestimmte Probleme, die deine Produkte/Dienstleistungen lösen?
- Wenn der Privatbereich zu deinem Potential gehört, wie sieht die demographische Entwicklung aus? Wo leben Sie? Wie leben Sie? Wo und was arbeiten sie? Wo gehen die Kinder zu Schule?

Dies sind alles Qualifikations-Parameter und sie beschreiben den idealen Interessenten, der bei dir kauft, viel kauft und immer wieder bei dir kaufen wird.

Dann kontaktierst du nur die Interessenten, die zu deinem ausgewählten Profil passen. Passen sie nicht in das Profil, sind sie auch keine qualifizierten Interessenten. Ansonsten verschwendest du viel Zeit und letztlich werden sie doch nichts bei dir kaufen.

Im Business-Bereich solltest du nur die Person anrufen, die ganz oben steht und die Entscheidungen trifft. Das ist in der Regel ein Vorstandsmitglied, Geschäftsführer oder Inhaber. Fall diese Person nicht die Entscheidung treffen sollte, dann weiß sie aber, wer dafür verantwortlich ist.

Viel zu viele Verkäufer vertrödeln ihre Zeit mit Personen, die in der Hierarchie weit unten stehen und keine Entscheidungen treffen dürfen. Sie begründen ihre Vorgehensweise damit, dass ihre Gespräche einfacher zu führen sind, weil sie diesem Gesprächspartner überlegen sind.

Sprichst du mit dem Entscheider, sprichst du mit einem qualifizierten Interessenten. Sprichst du mit einem qualifizierten Interessenten, werden sie auch bei dir kaufen.

2. Halte Ausschau nach den Interessenten, die auch dich suchen.

In der Regel 1 haben wir die Qualifikations-Parameter definiert, damit du eine zielorientierte Liste erstellen kannst. Erinnere dich immer an diese Parameter, sobald du mit einem Interessenten sprichst.

Wichtig: Bist du auf der Suche nach den besten Interessenten, das sind die, die gerne bei dir kaufen, immer wieder kaufen und immer wieder zu dir kommen, um noch mehr zu kaufen. Ein Mythos sagt ja, dass Kaltakquisition nur den Zweck hat, einen Interessenten das zu verkaufen, was er gar nicht haben will. In Wirklichkeit bist du doch auf der Suche nach einem Interessenten, der auch dich sucht. Deswegen ist die Qualifizierung so wichtig. Stellst du während deines Telefonates fest, dass die Parameter auf diesen Interessenten doch nicht zutreffen, dann beende das Gespräch und verabschiede dich.

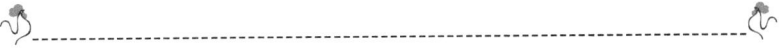

3. Beantworte die Interessentenfrage: Warum sollten sie interessiert sein?

Zusätzlich zu deiner zielorientierten Liste wirst du dich auf den Markt und auf die Person konzentrieren, die du jetzt anrufst. Das muss passend sein. Das ist kein einfacher Ansatz. Vorbereitung zählt auch in diesem Fall.

Stell dir folgende Fragen:

- Vor welchen Herausforderungen steht der Interessent?
- Von wo kommen sie?
- Was passiert heute im Unternehmen?
- Welche Probleme kannst du lösen für deinen Interessenten?
- Welche Probleme kannst du zusätzlich bei deinen Kunden lösen?
- Wie kannst du deine Kunden weiterhin unterstützen?
- Welche Ergebnisse bekommt dein Interessent/Kunde, wenn er deine Produkte/Dienstleistungen einsetzt?

Um hier den richtigen Ansatz zu finden, musst du schon tiefergehende Fragen stellen, um das Unternehmen zu verstehen. Mach deine Hausaufgaben und informier dich. Sie haben nun wirklich keine Lust, Ihnen das alles zu erzählen. Von einem kompetenten Vertriebler erwarten sie, dass er das alles weiß. Interessenten haben große Aufgaben zu lösen, sie werden mit Informationen von allen Seiten bombardiert. Wenn du ihre Aufmerksamkeit erreichen willst, musst du schon was Überwältigendes zu sagen haben. Es muss passend sein. Den richtigen Ansatz findest du, wenn du verstanden hast, was in dem Unternehmen passiert. Darauf aufbauend wirst du eine produktive und erfolgreiche Unterhaltung haben.

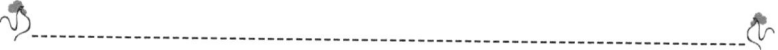

4. Kennst du das Ziel deines Anrufes?

Viele Verkäufer verwechseln Kaltakquisition mit einem sofortigen Abschluss. Jeder Verkaufsprozess durchläuft einzelne Stufen. Von der inneren JA!-Einstellung über Bedarfsanalyse, Vorteil-/Nutzenargumentation, Eiwandbehandlung, Abschluss bis hin zu Cross-Selling und dem Empfehlungsgeschäft.

Viele Verkäufer und Inhaber telefonieren mit Interessenten, um persönliche Gespräche zu führen. Andere vereinbaren Termine für eine internet-basierte Präsentation. Selbst diejenigen, die den ganzen Verkaufsprozess über das Telefon abwickeln, brauchen eine bestimmte Gesprächskompetenz mit dem Kunden. Der Kaltanruf ist nicht der Verkauf, es ist lediglich die Einführung.

Dieses Ziel ist der Rahmen für deinen Ansatz. Bei deinem Erstkontakt wirst du deinen Gesprächspartner nicht fragen, ob er jetzt bei dir kaufen will oder ob sie jetzt den Lieferanten wechseln wollen. Du stellst nur Fragen, um eine produktives Gespräch zu haben. Dies hat zwei große Vorteile: Dein Interessent fühlt keinen Verkaufsdruck und er fühlt sich wohl in dem Gespräch. Sobald du Druck ausübst, wird er das Gespräch sofort beenden. Zusätzlich hast du ebenfalls auch ein gutes Gefühl, da du selber kein Druck hast, jetzt unbedingt am Telefon abschließen zu müssen.

Führst du jetzt diese umfassende Unterhaltung am Telefon oder auch im persönlichen Gespräch, dann weißt du, dass du mit einem qualifizierten Interessenten sprichst und er Bedarf an deinen Produkten und Dienstleistungen hat

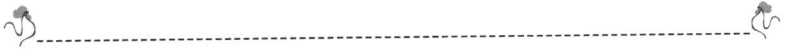

5. Perfektioniere deine Vorgehensweise

Grundsätzlich: Kaltakquisition ist qualifizierte Gesprächskompetenz. Du erwartest, dass dein Interessent den Nutzen versteht, den du ihm vermittelst und wie er davon positiv beeinflusst wird. Du willst, dass dein Interessent von deinem Angebot begeistert und angeregt ist. Um dieses Ergebnis zu erreichen, musst du deine Sprache perfektionieren.

Was sich im 22. Jahrhundert überhaupt nicht verändert hat, ist die Tatsache, dass du wenig Zeit hast, um die Aufmerksamkeit deines Interessenten zu gewinnen. Deswegen ist die Vorbereitung so wichtig. Sobald du den Interessenten am Telefon hast, gibt es keine Improvisation mehr. Hörst du dich nicht interessant oder unwichtig an, so wird keiner mit dir sprechen wollen. Sobald ein Interessent sagt: *„Kein Interesse"* und den Hörer auflegt, wirst du keine weitere Chance haben.

Bring exakt den Nutzen, den du anbietest und untermaure das mit konkreten Beispielen. Stell sicher, dass sie dich immer danach fragen, was dein Ziel ist: ein Gespräch, ein umfangreiches Telefonat oder einen Termin für eine webbasierte Präsentation. Mit der Zeit werden sie deine Vorgehensweise erlernt haben. Wenn du damit startest, schreib bitte alle Punkte auf, damit du auch an alles gedacht hast. Konzentrier dich auf das Gespräch mit deinem Interessenten.

Bring Modulation in deine Stimme. Es kommt weniger drauf an, was du sagst, sondern viel mehr darauf, wie du es sagst. Deine Stimme ist wichtiger als deine Worte. Deswegen ist es wichtig, deine Sätze laut aufzusagen. Ruf deine Mailbox an und sprich deinen Text auf die Box. Hör anschließend genau hin, wie di dich anhörst. Du solltest sich warm, freundlich, vertraut und begeistert anhören sobald du mit dem Interessenten sprichst und er das Gefühl hat, dass du ihm etwas Wichtiges mitzuteilen hast.

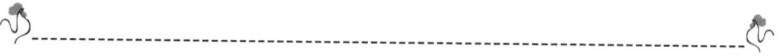

6. Benutz alle zur Verfügung stehenden Medien.

Heute ist es anspruchsvoller, mit einem Interessenten zu telefonieren als es in der Vergangenheit war. Dafür stehen dir mehr Möglichkeiten offen, den Interessenten zu erreichen. Es gab eine Zeit, da klappte das nur über das Firmentelefon oder mit einem Brief. Heute gibt es zusätzlich Mobiltelefone, E-Mail, SMS, Voicemail etc.

Versuchen Sie immer, deinen Gesprächspartner direkt zu erreichen. Damit hast du sofort eine qualifizierte Unterhaltung am Telefon. Ist das auch der richtige Ansprechpartner und du hast einige Anrufe getätigt und ihn nicht erreicht, dann sprich ihm begeistert auf die Mailbox oder schick ihm eine E-Mail. In meinem Buch *„Werners gelbe Telefonkladde"* zeige ich dir eine Variante, wie 90 Prozent der Interessenten bei dir zurückrufen.

Aber Achtung: Bei einer Nachricht auf der Mailbox oder mit einer E-Mail ist es zwingend erforderlich, wieder eine werthaltige Information zu hinterlassen. Nur so bekommst du die volle Aufmerksamkeit des Interessenten.

7. Setz ein CRM-System ein.

Für viele Verkäufer wird es schwer sein, diese Regel zu befolgen. Ich bin immer wieder überrascht, dass der überwiegende Teil kein System einsetzt, um die Interessenten- und Kundendaten zu erfassen, zu pflegen und die Aktivitäten zu steuern. Im 22. Jahrhundert gibt es also keinen Grund, auf ein solches System zu verzichten.

Es ist unvorstellbar – für mich eine Selbstverständlichkeit – vereinbarte Termine nicht einzuhalten. Sinnvoll ist doch ein funktionierendes CRM-System, mit dessen Hilfe Akquisitions- und Verkaufsvorgänge nach einem strukturierten Verkaufsprozess verfolgt werden können.

Stell dir selbst folgende Fragen:

- Welches System willst du einsetzen, um Geschäfte anzubahnen?
- Wie oft rufst du einen Interessenten an bevor du ihn ziehen lässt?
- Welche Scripte benutzt du?
- Welches Script benutzt du bei einer Ansage auf der Mobilbox?
- Welche E-Mail-Vorlagen benutzt du?
- Wie sehen deine Nachfass-Aktionen aus?
- Welche anderen Tools benötigst du, um deine Interessenten und Kunden zu unterstützen?

Die Antworten auf diese Fragen liegen außerhalb dieses Artikels. Sie sind aber sehr wichtig und haben einen zusätzlichen Einfluss auf den Erfolg deiner Aktionen.

Das Umfeld für die Kaltakquisition hat sich verändert. Die Grundaussage bleibt aber weiterhin bestehen: Kaltakquisition ist immer noch der effizienteste Weg, qualifizierte Kundenkontakte zu generieren, die letztlich in einen Verkauf münden. Du musst zielorientiert vorgehen, sich auf den Markt konzentrieren und so viele werthaltige Informationen bereithalten, dass die Wünsche und Bedürfnisse deines Gesprächspartners erfüllt werden.

85% der neu erteilten Aufträge gehen an die 5% der Verkäufer, die fit in der Kaltakquisition sind.

Und du brauchst ein System, um deine Interessenten zu klassifizieren. Bei Kaltakquisition geht es um eine qualifizierte Gesprächskompetenz, die zu Terminen und Aufträgen führt.

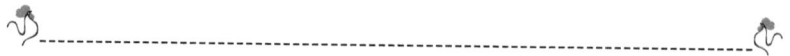

Die Tage des „Nummernspiels" und „Telefonbuch aufklappen und telefonieren" sind nun endgültig passé.

Kaltakquisition ist tot!
Hurra - es lebe die Kaltakquisition!

Wenn das Leben keine Vision
hat nach der man strebt,
nach der man sich verzehrt,
die man verwirklichen möchte,
dann gibt es auch kein Motiv, sich anzustrengen.

Erich Fromm

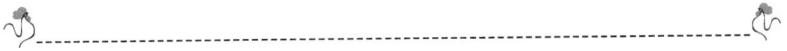

Kapitel #28: So aktivierst du mit Match-Pitch in 12 Sekunden dein Selbstmarketing

Du kannst in dem, was du bist, leistest und anbietest, noch so gut sein – dein Erfolg hängt davon ab, wie die Außenwelt dich und dein Angebot wahrnimmt.

Mit dem Match-Pitch besitzt du ein wichtiges Instrument der professionellen Selbstdarstellung. Entdeck nun, wie du damit in wenigen Sekunden die Aufmerksamkeit und das Interesse deines Gesprächspartners weckst und wie du deinen persönlichen Match-Pitch erstellst und erfolgreich einsetzt.

Dein zusätzlicher Vorteil: Wer die Technik des Match-Pitches beherrscht, wird in Standardsituationen nie mehr um eine Antwort verlegen sein!

Ob Vorstellungsrunde, zufälliges Treffen mit einem potenziellen Kunden, gezieltes Netzwerken oder Smalltalk- Thema bei beruflichen und privaten Anlässen: Es gibt unzählige Gelegenheiten, sich und sein Leistungsangebot mit einer gelungenen Kurzpräsentation ins rechte Licht zu rücken.

Sei ehrlich zu dir: Hast du in diesen Situationen bislang immer souverän und zu deiner Zufriedenheit agiert? Oder hattest du eher das Gefühl, eine gute Chance zur Selbstdarstellung nicht oder nur unzureichend genutzt zu haben, weil du

- dich von der Frage überrumpelt fühltest?
- dich generell schwer damit tust, über dich selbst zu sprechen
- Schwierigkeiten hattest, dich unter Zeitdruck kurz, knackig und präzise auszudrücken?

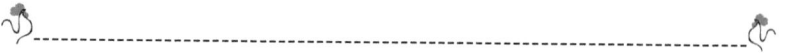

Dann heißt deine Lösung: Match („Streichholz") -Pitch

Was genau ist ein Match-Pitch?

Du hast sicher schon mal von dem Begriff Elevator-Pitch gehört. Die Idee der Aufzugs-Präsentation stammt aus den 1980er Jahren: Karriereorientierte Vertriebsmitarbeiter, die keinen Termin bei ihrem unter Zeitdruck stehenden Chef erhielten, nutzten die gemeinsame, etwa 30 Sekunden dauernde Fahrt mit dem Aufzug, um dem Vorgesetzten einen kurzen Überblick über eine neue Idee, Dienstleistung oder ein neues Produkt zu präsentieren.

Inzwischen hat sich der Elevator Pitch zum Match-Pitch entwickelt. Match-Pitch insofern, da Führungskräfte heute weniger Zeit zur Verfügung haben und deine Botschaft in 12 Sekunden (das ist die Zeit, in der ein Streichholz (= Match) abbrennt.

Die wichtigsten Vorteile dieser Präsentationsform:

- Sie bietet dir die Möglichkeit zu einem interessanten Gesprächseinstieg
- Sie öffnet Türen, die sonst verschlossen bleiben würden
- Sie hilft dir, Interesse und Aufmerksamkeit deines Gesprächspartners zu wecken
- Sie trägt dazu bei, einen positiven souveränen und glaubwürdigen Eindruck zu hinterlassen

Sie legt den Grundstein für einen neuen, erfolgreichen Geschäftskontakt. Dein Gesprächspartner wird dich und dein Angebot besser einordnen.

Bist du ein guter Selbstvermarkter? Beantworte diese Fragen einfach mit „Ja" oder „Nein":

- Kennst du deine Stärken und Schwächen?
- Weißt du, wie du auf andere Menschen wirkst?
- Stimmen bei dir Selbst- und Fremdeinschätzung weitgehend überein?
- Hat Selbstmarketing für dich weniger mit „Eigenlob stinkt" zu tun als mit der günstigen Gelegenheit, potentiellen Interessenten gute Gründe dafür zu liefern, sich für dich und dein Angebot zu entscheiden?
- Fällt es dir leicht, vor anderen Menschen zu sprechen?
- Gelingt es dir problemlos, dass Wichtigste in wenigen, aber prägnanten und überzeugenden Sätzen vorzutragen?
- Beantwortest du gerne Fragen nach deinem Beruf und deinem Leistungsangebot?

Auswertung:

Je mehr Fragen du mit Ja beantwortet hast, desto leichter dürfte es dir schon jetzt fallen, deine Person und deine Anliegen gekonnt in den Mittelpunkt zu stellen. Nutze den Match-Pitch, um dein Selbstmarketing zu optimieren!

Bist du mit dem Testergebnis unzufrieden, weil du erkannt hast, dass du bei dem Thema Selbstpräsentation innerlich Vorbehalte verspürst?

Dann nimm dieses Resultat zum Anlass, dich näher mit deinen Zweifeln und deren Ursachen zu beschäftigen. So lernst du, mit deinen Unsicherheiten besser umzugehen. Das wiederum erleichtert es dir, den Match-Pitch erfolgreich einzusetzen.

Kapitel #29: Sag doch einfach mal „Danke!"

„Danke, dass du dieses Buch gekauft hast."
„Danke für die Weiterempfehlung."
„Danke für die Rezension bei Amazon."
„Danke für Ihre tatkräftige Unterstützung in dem Projekt."

Ja, wir können nicht oft genug das Wort *„Danke"* sagen und in dem Zusammenhang auch noch das andere Zauber-Wort *„Bitte."*

Dir als Verkäufer empfehle ich, dass du ab sofort einen Tag in der Woche zu deinem **„Danke-Tag"** machst. Ruf dazu fünf Kunden/Kollegen/Mitarbeiter an und sag einfach mal *„Danke."*

Wenn es um deine Kundenpflege geht, solltest du auf jeden Fall persönlich anrufen und diese Aufgabe nicht an ein Callcenter delegieren. Es geht hier nicht um das Verkaufen. Über den Nachsatz: *„Welche weitere Frage haben Sie an mich?"* – verbunden mit einer längeren Pause – ergibt sich womöglich doch noch etwas Interessantes.

Starte deine Briefe, E-Mails etc. immer mit – vorausgesetzt es passt – einem „DANKE..."

Dank deinen Kunden nicht an ihrem Geburtstag für die guten Geschäftsbeziehungen, sondern am Tag der Kundenbeziehung.

Kapitel #30: Werner F. Hahn

Werner F. Hahn ist Verkaufstrainer, Coach und Fachbuchautor. Ein Mann aus der Praxis mit vielen Jahren Berufserfahrung, der zum exklusiven Kreis der wenigen Trainer gehört, die das Verkaufen von der Pike auf im B2B bei der Nixdorf Computer AG erlernt hat.

Hahn gibt Verkaufsseminare, Powertrainings, bringt frischen Wind in Vertriebsmeetings, ist ein sympathisch motivierender Gastredner, coacht mit Training on the job, ist zwölffacher Buchautor und gibt jeden Dienstag gratis

- das E-Mail-Magazin "*sales vitamins frische Vitamine für besseres Verkaufen*" an über 5.153 Verkäufer heraus und
- den Podcast *to go* – Lernen auf der Fahrt zu Interessenten und Kunden uns sich schnell inspirierende und motivierende Informationen jederzeit und überall abholen.

Seine Seminare und Trainings haben bisher über zehntausend Teilnehmer erfolgreich absolviert und über zweitausend Verkäufer wurden direkt am Arbeitsplatz gecoacht.

Das Ergebnis:

- sofortige Erfolge im Auftragseingang, Umsatz und Ertrag
- wecken von neuen Energien,
- Stärkung der Motivation und
- das gesamte Vertriebsteam hat Spaß daran, im Verkauf tätig zu sein.

Ob das Verkaufstalent in die Wiege gelegt wird? Sicher ist: Hahn hat "*Verkaufen*" von der Pike auf gelernt. In allen Stufen des Vertriebs - vom Vertriebs-Assistent bis zum Geschäftsführer.

Seit 1989 bietet er sein Wissen und seine Erfahrung als selbstständiger Verkaufstrainer und Fachbuchautor an. Seine Kunden bilanzieren: *Mit Werner F. Hahn haben wir einen Trumpf gezogen: für mehr Aufträge, steigende Umsätze und höheren Verdienst.* Heute zählt Hahn zu den effizientesten Dienstleistern der Branche.

Seine Methoden:

Hahn bildet aus: vom Azubi bis zum Profi-Verkäufer. Seine Schwerpunkte sind: Neue Kunden gewinnen, Akquisition, Vorteil-/Nutzenargumentation, Einwandbehandlung, Fragetechnik, Preisgespräche und Preisverhandlung, Abschlusstechniken, Verhandlungstechnik, Sprache im Verkauf, Stärkung im Wettbewerb, Key-Account-Verkauf, Kommunikations- und Telefontraining, Verkaufen am Telefon.

Hahn trainiert Verkäufer in authentischen Situationen, auch direkt beim Kunden. Diesen Schwerpunkt seiner Methode dokumentieren zehntausende Kaltakquisitionen per Telefon und tausende gemeinsame Kundenbesuche mit und ohne Termin. Hahn legt den Finger in offene Wunden und zeigt, wie es besser und erfolgreicher gemacht wird. Daraus resultieren Sofort-Erfolge, die bei den Teilnehmern neue Energien wecken, ihre Motivation stärken und wieder richtig Spaß daran vermitteln, Verkäufer zu sein.

Seine Referenzen:

Bisher haben mehr als 17.000 Teilnehmer seiner unternehmensinternen und öffentlichen Trainings und Workshops ihre Motivation und ihre Umsätze messbar gesteigert. Über 2.693 Verkäufer hat er persönlich gecoacht - direkt am Arbeitsplatz im Unternehmen oder vor Ort beim Kunden mit seinem bewährten Training on the job.
Verkäufer...

- aus allen mögliche Branchen,
- in Kleinbetrieben ebenso wie in Top 50 Unternehmen und DAX-Konzernen,
- von Dienstleistungen, Gebrauchs-, Konsum- und Investitions-güter und
- bei Investitionsvolumen von mehr als 24 Mio. Euro ebenso wie von Produkten um € 5.- das Stück.

Mit seinen Verkaufstrainings

- steigert er Auftragseingang, Umsatz und Ertrag um 10% und mehr Prozent;
- reduziert er die Anzahl der verloren gegangenen Aufträge und sichert so zusätzlichen Umsatz;
- qualifiziert er Ihre Mitarbeiter direkt am Arbeitsplatz im Tagesgeschäft und motiviert sie zu Höchstleistungen;
- gibt er klare Handlungsanweisungen und vermeidet das übliche Marketinggeschwafel;
- lernen Ihre Mitarbeiter praxisidentische Tipps, die sie sofort nach dem Hören im nächsten Kundengespräch aktiv einsetzen und Mehrumsätze erzielen.

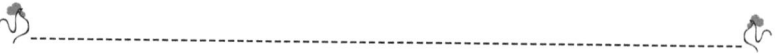

Ergebnis:

Sie erreichen damit Sofort-Erfolge, die bei ihren Verkäufern neue Energien wecken, ihre Motivation stärken und wieder richtig Spaß daran vermitteln, Verkäufer zu sein.

Sein Tipp: Entscheiden Sie sich bewusst für einen Trainer, der ein Praxistraining für Verkauf und Akquise anbietet – mit entsprechend hohem Grad an Interaktion, an Übungen und Vertiefungsfällen direkt aus der Praxis der Teilnehmer.

Wenn Sie für Ihre Ziele einen Profi brauchen, der es schafft, in freier Rede Bilder zu erzeugen und Geschichten zu erzählen, die bei den Teilnehmern hängen bleiben, dann fragen Sie jetzt die Verfügbarkeit von Werner F. Hahn an.

- Einer der meistgelesenen Blog (> 700 Artikel) im Internet über VERKAUFEN: www.wernerhahn.de/sales-vitamins

- Seine 15 Bücher finden Sie im Internet u.a. bei Amazon und weiteren 2.500 Online-shops weltweit und in seinem Shop – gerne mit persönlicher Widmung - unter: www.wernersshop.de

- Seine Trainingsthemen und Termine finden Sie ebenfalls hier: www.wernersshop.de

Kapitel #31: sales vitamins - frische Vitamine für besseres Verkaufen

sales vitamins wird -gratis- wöchentlich versendet und in jeder Ausgabe gibt es nützliche Tipps, hilfreiche Techniken und praktische Wort-für-Wort-Gesprächsleitfäden, die deinen Verkaufserfolg garantiert steigern:

Vertriebspraxis pur:

- *frei von Marketinggeschwafel*
- *frei von Tschakka*
- *frei von Callcenter-Floskeln.*

Viele Inhalte, die ich in diesem *sales vitamins* veröffentliche, wirst du nirgendwo anders finden. Gegenüber denjenigen, die diese werthaltigen Informationen noch nicht bekommen, hast du einen enormen strategischen Wissensvorsprung, den du für dein Tagesgeschäft positiv nutzen solltest.

Mein Versprechen: Ich werde dir nur *sales vitamins* schicken und keine anderen E-Mails. Du wirst von mir keinen SPAM erhalten und deine E-Mail-Adresse wird von mir niemals weitergegeben, das garantiere ich dir.

Kapitel #32: Podcast to go

Hol dir auf der Fahrt zu deinen Kunden und Interessenten die nötige Dosis von Motivation und Inspiration mit den Themen rund ums Verkaufen. Auch in meinen Podcasts bekommst du perfekte Sätze, Wort-für-Wort-Gesprächsleitfäden, die das Herz deines Gesprächspartners erreichen. Du kennst ja mein Mantra:

Verbindlich Verkaufen - mit guten Gefühlen.

Deine Gesprächspartner werden vergessen, was du gesagt hast.
Deine Gesprächspartner werden vergessen, was du getan hast.
Deine Gesprächspartner werden niemals vergessen,
welche guten Gefühle sie im Gespräch mit dir hatten.

Die Podcast findest du hier unter www.wernerhahn.de oder du gehst in den iTunes Store und gibst als Suchbegriff „*Verkaufstrainings*" ein und dann geht es sofort los.

Kapitel #33: Folgende Fachbücher hat Werner F. Hahn veröffentlicht

1. 111 Verkäuferfragen & 111 professionelle Antworten
2. 88 typische Verkäuferfehler
3. Mach den Abschluss
4. Kaltakquisition ist tot? Hurra! Es lebe die Kaltakquise!
5. Mehr Termine. Mehr Aufträge. Einfach und entspannt am Telefon mehr verkaufen.
6. 222 Fragen – Fragen, die Topp-20%-Verkäufer erfolgreich einsetzen
7. Vorwand? Einwand? Kaufsignal!
8. Vorteil? Nutzen! Warum der WERThaltige Nutzen so kaufentscheidend ist
9. Wie Rabatte dein Geschäft ruinieren
10. Neue Kunden gewinnen und den Umsatz steigern in der Welt des VERKAUFEN 4.0
11. Gestern: Vertriebsprofi - Morgen: Führungskraft im Vertrieb
12. Perfekte Formulierungen für deinen Vertriebserfolg
13. Perfekte Formulierungen für deine Preisverhandlung
14. 12 Schritte zum Vertriebserfolg
15. Kennst du deinen SALES-IQ?

Bücher mit einer persönlichen Widmung bitte hier bestellen: www.wernersshop.de

Oder direkt bestellen bei Amazon: http://amzn.to/2abWqgE

Kapitel #34: Spezielle offene Trainingsangebote

- 1-Tages-Intesiv-Training:

Mehr qualifizierte Termine. Mehr profitable Aufträge. Neue Kunden gewinnen.

- 1-Tages-Intensiv-Training:

„20% Rabatt müssen Sie mir schon geben, sonst geht der Auftrag an Ihre Konkurrenz!" Blufft er oder sagt er die Wahrheit? Mach endlich Schluss mit unnötigen Rabatten und setz höhere Preise durch.

- 2-Tage-Training: Der Sales-Booster

Verkaufstraining *plus* Training on the job. Mit Life-Gesprächen mit Kunden und Interessenten und sofortigem Feedback vom Trainer!

- Verkaufstraining: Unser AZUBI lernt Verkaufen
- Vom AZUBI zum zertifizierten Junior-Verkäufer

Details und weitere Trainingsthemen gibt es hier im Shop unter www.wernersshop.de

Kapitel #35: Danke!

Im Regelfall bedankt sich der Autor bei seinem Schwippschwager, seiner Schwiegermutter, seiner Braut und allen anderen Personen, die ihm besonders nahe stehen und/oder standen.

Ich bedanke mich heute bei dir als mein Kunde – du trägst dazu bei, dass sich mein Bankguthaben vergrößern wird.

Die gute Nachricht: setzt du diese perfekten Formulierungen aus diesem Buch konsequent um, dann wird das auch bei dir zu einer prall gefüllten Geldbörse führen.

Und wenn zwei Geldbörsen prall gefüllt sind, ist das für uns beide eine win-win-Situation!

Danke, dass du mein Kunde bist.

Werner F. Hahn

Kapitel #36: Schreibfehler

Dieses Buch wird dazu beitragen, dass du kontinuierlich immer besser in der Akquisition wirst.

Hast du einen Schreibfehler in dieser Ausgabe gefunden? Mir tut selbst jeder Schreibfehler im Herzen weh.

Doch denk bitte dabei an die Blaue Mauritius. Diese Briefmarke ist ein Fehldruck und ein Sammler hatte bereits 1993 für eine ungebrauchte Mauritius 1,1 Millionen Euro bezahlt.

Ahnst du, wie wertvoll dieses Buch für dich sein kann?

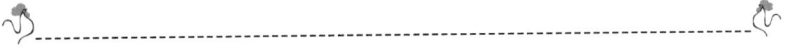

Kapitel #37: Haftungsausschluss

Der Autor übernimmt keinerlei Gewähr für die Aktualität, Richtigkeit und Vollständigkeit der bereitgestellten Informationen in diesem Buch. Haftungsansprüche gegen den Autor, welche sich auf Schäden materieller oder ideeller Art beziehen, die durch die Nutzung oder Nichtnutzung der dargebotenen Informationen bzw. durch die Nutzung fehlerhafter und unvollständiger Informationen verursacht werden, sind grundsätzlich ausgeschlossen, sofern seitens des Autors kein nachweislich vorsätzliches oder grob fahrlässiges Verschulden vorliegt.

Meine Angebote sind freibleibend und unverbindlich. Als Autor behalte ich mir es vor, Teile der Seiten oder das gesamte Angebot ohne gesonderte Ankündigung zu verändern, zu ergänzen, zu löschen oder die Veröffentlichung zeitweise oder endgültig einzustellen.

Kontaktdaten Werner F. Hahn:

- **Telefon**: 0171 – 650 56 90
- **Internet**: www.wernerhahn.de
- **Shop**: www.wernerhahn.de
- **Blog Verkaufen**: www.wernerhahn.de/sales-vitamins
- **E-Mail**: salesman@wernerhahn.de
- **Facebook**: https://www.facebook.com/VerkaufstrainingWFHahn/
- **YouTube**: http://youtu.be/c9sh1bMFph0
- **XING**: https://www.xing.com/profile/WernerF_Hahn
- **Twitter**: https://twitter.com/WernerFHahn
- **Google+**:
  https://plus.google.com/u/0/+VerkaufstrainerWernerFHahn/posts
- **LinkedIn**: http://de.linkedin.com/pub/werner-f-hahn